Anonymous

Das Wiener Heiligthumbuch

Nach der Ausgabe vom Jahre 1502 sammt den Nachträgen von 1514 mit Unterstützung des K.K. Handelsministeriums

Anonymous

Das Wiener Heiligthumbuch
Nach der Ausgabe vom Jahre 1502 sammt den Nachträgen von 1514 mit
Unterstützung des K.K. Handelsministeriums

ISBN/EAN: 9783744625913

Hergestellt in Europa, USA, Kanada, Australien, Japan

Cover: Foto ©ninafisch / pixelio.de

Weitere Bücher finden Sie auf **www.hansebooks.com**

DAS
WIENER HEILIGTHUMBUCH.

NACH DER AUSGABE VOM JAHRE 1502
SAMMT DEN
NACHTRÄGEN VON 1514

MIT UNTERSTÜTZUNG DES K. K. HANDELSMINISTERIUMS

HERAUSGEGEBEN VOM

K. K. ÖSTERR. MUSEUM FÜR KUNST UND INDUSTRIE.

DER REINERTRAG IST DEM WIENER DOMBAUVEREINE GEWIDMET.

Bereits feit dem frühen Mittelalter war es in der katholifchen Kirche Gebrauch, die Reliquien der Heiligen und Märtyrer an beftimmten Fefttagen der kirchlichen Gemeinde vorzuzeigen oder zur Verehrung auszuftellen. Diefe Vorzeigung gefchah mit grofsem Gepränge in einzelnen Gängen oder Prozeffionen unter Abfingung von geiftlichen Liedern und Verkündigung der durch Verehrung der Heiligthümer zu gewinnenden Abläffe in den Kirchen vom hohen Chore, oft auch von eigens zu diefem Zwecke errichteten Tribünen herab, bei zu grofser Anfammlung der Volksmenge aber aufserhalb der Kirche, entweder von den Thürmen, wie in Aachen und Würzburg, oder von befonderen Gebäuden, den fogenannten „Heiligthumftühlen", wie in Nürnberg und Wien. Aus dem Zufammenftrömen der Wallfahrer an Orten, wo fich der Heiligthümer viele vereint fanden, entftanden die *„Heilthumsfahrten"* und bald nach der Erfindung der Buchdruckerkunft durch den Wetteifer der einzelnen Kirchen und Städte, gedruckte Verzeichniffe ihrer Heiligthümer zu veröffentlichen, die *„Heiligthumbücher"*, deren eine ziemliche Anzahl in deutfchen Landen erfchien. Da feit 1215 die Reliquien nur *gefafst,* alfo in Monftranzen, Reliquienkäftchen u. dgl., dem Volke vorgezeigt werden durften, fchuf in Folge des fich unausgefetzt fteigernden Reliquiencultus das Kunfthandwerk eine grofse Menge von Reliquienbehältniffen in mannigfacher Form und Gröfse und aus dem verfchiedenartigften Materiale. Die zumeift illuftrirten Heiligthumbücher beanfpruchen daher unfer doppeltes Intereffe, denn fie legen nicht nur Zeugnifs ab von dem Kunftvermögen der verfchiedenen Epochen, fondern fie geben uns auch einen Einblick in den Formenreichthum der kirchlichen Gefäfse und Geräthfchaften und bieten der heutigen Kunftinduftrie die fchätzbarften Vorbilder für das Gebiet der kirchlichen Kunft.

In der Reihe diefer Heiligthumbücher fteht obenan dasjenige vom heiligen Berge zu *Andechs* in Bayern, gedruckt zu Augsburg, o. J., 1473 und um 1500, zu Weffobrunn 1505, zu München 1595, 1602 und 1797.

VI

Diefem fchliefsen fich an die Heiligthumbücher von *St. Georgenberg* in Tirol, gedruckt zu Augsburg 1480; *Augsburg*, gedruckt dafelbſt 1483, 1625, 1630, 1653 und 1712;[1] *Würzburg*, gedruckt zu Nürnberg 1483 und 1485; *Nürnberg*, gedruckt dafelbſt 1487 und 1493; *Köln*, gedruckt dafelbſt 1492, 1505, 1509 und 1511, wozu noch ein von dem Schatzhüter des Kölner Domes, P. SCHONEMANN 1671 herausgegebenes Reliquienverzeichnifs mit kleinen Abbildungen in Kupferſtich auf einem Doppelfolio-Blatte gehört.

Den vorgenannten ſtehen zunächſt die Heiligthumbücher von *Bamberg*, gedruckt dafelbſt 1493 und 1509; *Wien*, gedruckt dafelbſt 1502, mit Nachträgen von 1514; *Magdeburg*, gedruckt dafelbſt, o. J.; *Wittenberg*, gedruckt dafelbſt 1509 und mit dem Hallefchen zufammen 1618; *Trier*, gedruckt zu Metz 1514, neuerdings abgedruckt zu Regensburg 1845, aufserdem eine Reihe von mit Abbildungen verfehenen Schriften aus den Jahren 1512—1513 über den wiederaufgefundenen „Rock Chriſti" und fchliefslich das Heiligthumbuch von *Halle*, gedruckt dafelbſt 1520 und mit dem Wittenberger zufammen Wittenberg 1618, neuerlich abgedruckt bei Dreyhaupt, Befchreibung des Saal-Kreifes, Bd. I und in Naumann's Archiv für die zeichnenden Künſte, I. Band.

Aachen, wo von dem Thurme des Liebfrauen-Münſters herab noch jetzt von fieben zu fieben Jahren die andernorts längſt nicht mehr begangene feſtliche Vorzeigung der Reliquien ſtattfindet, befitzt zwar kein Heiligthumbuch aus älterer Zeit, doch finden fich in Noppius Aacher Chronik, Cöln 1632, auf einer von W. HOLLAR radirten Platte in 29 numerirten Abtheilungen die Aachener Heiligthümer dargeſtellt (Parthey 230). 1818 erfchien: „Schatzkammer des Aachener Heiligthums". Zur Erinnerung an die Heiligthumsfahrt von 1853 hat SCHIERVIER den Reliquienfchatz des Liebfrauenmünſters befchrieben und mit zahlreichen Abbildungen herausgegeben, desgleichen BOCK 1860 und 1867, fowie KESSEL als Feſtfchrift zur Heiligthumsfahrt von 1874.[2]

---
[1] Das Augsburger Heiligthum illuſtriren aufserdem noch zwei Holzfchnitte in Folio von circa 1480—1490, abgedruckt in: „Die Holzfchnitte des 14. und 15. Jahrhunderts im Germanifchen Mufeum" Taf. CXVI—CXIX.

[2] RULAND: Über die „Heilthumbfahrten" der Vorzeit in „Chilianeum", II. Band; FALK: Die Druckkunſt im Dienſte der Kirche und OTTE: Handbuch der kirchlichen Kunſt-Archäologie, 4. Auflage, pag. 142; — über die Reliquien, deren Aufbewahrung und Vorzeigung fiehe: Ornatus ecclesiaſticus, mit deutfcher Ueberfetzung herausgegeben von J. MÜLLER 1591, Cap. XXXVI — XXXVIII; JAKOB: Die Kunſt im Dienſte der Kirche, §. 45, fowie NEUMANN: Zur Form der Reliquiare, in den Mittheilungen der k. k. Central-Commiſſion, Band XIII, pag. CXV und WEISS: Ueber Reliquienfchreine, ebenda, I. Band, pag. 77.

Das *Heiligthumbuch des St. Stephansdomes zu Wien* ift das *achte* in der Zahl der vorftehenden Heiligthumbücher. Als Herausgeber wird in der Schlufsfchrift desfelben der Wiener Bürger und Rathsherr Matthäus HEUPERGER genannt. Das Gefchlecht der Heuperger ftammte aus Tirol und war dort in Hall und Pankirchen begütert. Matthäus Heuperger liefs fich in Wien nieder, wo er das Haus „zum goldenen Hirfchen" in der heutigen Rothenthurmftrafse neu erbaute. Nach einer kinderlofen Ehe mit der Wiener Bürgerstochter Martha Kiefsling, verwitweten Ammon, vermählte er fich zum zweiten Male mit Anna Parth, der Tochter eines alten Münchener Patrizierhaufes, welcher Ehe ein Sohn und drei Töchter entftammten, deren eine, Martha, 1522 den Rath Ferdinands I. und Kanzler von Niederöfterreich Marcus Beck von Leopoldsdorf heiratete. Sein Sohn Leopold war Ferdinands I. Hofkammerdiener, dann Hofzahlmeifter, Schatzmeifter und Burggraf zu Wien und überdiefs ein eifriger Kunftfammler; er befafs eine von Wolfgang Lazius geordnete grofse Sammlung von Antiquitäten, befonders römifchen Münzen. Matthäus Heuperger war ein fehr religiöfer Mann und wie LAZIUS fagt „wegen feines chriftlichen Eifers zu Wien fehr berühmt", er wird aber auch ein wahrer Freund der Wiffenfchaften und Künfte genannt. Im Jahre 1505 reifte er mit drei anderen Wiener Bürgern nach Rom, um fich von Papft Julius II. die Beftätigungs-Bulle und Abläffe für die wiederhergeftellte Frohnleichnams-Bruderfchaft bei St. Stephan zu erwirken. Er ftarb 1515 und fand in der (1781 demolirten) St. Erasmus- (Magdalenen-) Kapelle auf dem Stephansfreithofe vor dem Altare feine Ruheftätte.[1]

Zur Drucklegung des Heiligthumbuches bediente fich Matthäus Heuperger feines Mitbürgers Johann WINTERBURGER, des *erften* Buchdruckers, deffen Name auf den Erzeugniffen der Wiener Preffen erfcheint. Gebürtig von Winterburg unweit Kreuznach in der ehemaligen Graffchaft Sponheim, hatte Winterburger die Buchdruckerkunft wahrfcheinlich in Mainz erlernt, denn er rühmt in der Schlufsfchrift zu des

---

[1] Ueber die Familie der Heuperger fiehe: LAZIUS: Wienerifche Chronik, Wien 1619, 4. Buch, pag. 24; — DENIS: Wiens Buchdruckergefchichte, I., pag. 16; — WISSGRILL: Schauplatz des landfäffigen Niederöfterreichifchen Adels, IV., pag. 324; — Die Familien-Chronik der Beck von Leopoldsdorf, herausgegeben von ZEIBIG im Archiv für Kunde öfterreichifcher Gefchichtsquellen, VIII. Band, ausführlich befprochen von LIND in den Blättern des Vereins für Landeskunde von Niederöfterreich, Neue Folge, IX—XI. Band; — BERGMANN: Medaillen auf berühmte und ausgezeichnete Männer des öfterreichifchen Kaiferftaates, I., pag. 44.

VIII

L. Apulejus „Epitome de mundo", 1497, Mainz als die Erfinderin und Mutter der Buchdruckerkunft. Zum erften Male hat er fich als Buchdrucker genannt in der Schlufsfchrift zu den von ihm 1492 gedruckten Satiren des Aulus Perfius Flaccus. Seine Arbeiten, meift liturgifchen Inhaltes, datiren bis 1519. Die mit Holzfchnittbildern und Initialen reich gefchmückten Ausgaben des Miffale Patavienfe (erfte Ausgabe 1503), des Miffale Olomucenfe (1505), des Miffale Saltzeburgenfe (1506), des Miffale Defunctorum u. f. f. zeigen, wie vortrefflich ausgeftattet Winterburger's Buchdruckerei gewefen ift. Als feine bedeutendfte Leiftung aber gelten Peurbach's aftronomifche Tabellen (1514). Das *Symbol* Winterburger's befteht aus einem mit der Spitze nach unten gekehrten Pfeil, an dem fich eine gekrönte Schlange hinaufwindet, überragt von einem Kreuze, rechts und links die Buchftaben J und W., das Ganze von einem Zierrahmen umgeben. KAUZ fagt in feiner Abhandlung „Über die wahre Epoche der eingeführten Buchdruckerkunft in Wien" (1784) von Winterburger, dafs diefer beftrebt war, alle feine Rivalen auf dem Gebiete der Buchdruckerkunft zu verdunkeln, dafs er dem Bifchof Vitez (1490 — 1499) und feinen Nachfolgern alle Kirchenbücher jeder Gattung lieferte, die Wiener Gelehrten aneiferte, die vornehmften und koftbarften Werke auflegte und nennt ihn fchliefslich den Trattner feines Zeitalters.[1]

Das hier zu befprechende aus Winterburger's Buchdruckerei hervorgegangene Werk, das Wiener Heiligthumbuch von 1502, befteht aus 24 beiderfeits bedruckten Blättern ohne Seitenzahlen, mit den Signaturen *a—c*. Der Titelholzfchnitt zeigt unter vier Textzeilen die Figur eines ganz geharnifchten Ritters, in der Rechten das Stechfähnlein, neben ihm auf dem Boden die Wappen der Stadt Wien, Doppeladler und Kreuzfchild. Die zweite Seite bringt eine Anficht des St. Stephansdomes von Nordweften, die *ältefte* xylographifche Abbildung desfelben[2] und auch für die Baugefchichte des Domes infoferne von Intereffe, als fie das Bifchofsthor noch ohne die Eingangshalle zeigt. Die fogenannten

---

[1] Ueber Winterburger fiehe ferner: DENIS: Wiens Buchdruckergefchichte, pag. VI und desfelben Verfaffers Einleitung in die Bücherkunde, I., pag. 132; — FALKENSTEIN: Gefchichte der Buchdruckerkunft, pag. 189 und KOCH: Kurzgefafste kritifche Gefchichte der Erfindung der Buchdruckerkunft, pag. 30 ff.

[2] Diefe Abbildung wurde von dem Zeichner der Meldemann'fchen Rundanficht der Stadt Wien (1529) für fein Blatt copirt. H. KABDEBO hat in feiner Abhandlung über den Antheil der Nürnberger Briefmaler Meldemann und Guldenmundt an der Literatur der erften Türkenbelagerung, abgedruckt in den Berichten des Alterthums-Vereines zu Wien, Band XV, bereits darauf hingewiefen.

„Heidenthürme" fehen wir auf unferer Abbildung mit der urfprünglichen Eindachung aus glafirten Ziegeln, welche fich, wie Dr. Guftav HEIDER bereits in den Mittheilungen der k. k. Central-Commiffion II., pag. 3, bemerkt hat, noch unter der heutigen gothifchen Verkleidung der Thurmhelme befindet. Der nördliche diefer Thürme hat als Bekrönung ein Kreuz, der füdliche einen Wetterhahn an Stelle der erft 1631 aufgeftellten Statuen der Heiligen Stephan und Laurenz. Hierauf folgen drei Seiten Vorrede und Verzeichnifs der Abläffe und weiters ein blattgrofser Holzfchnitt, die Anficht des Heilthumftuhles: ein figurengefchmücktes mächtiges Gebäude, über einem breiten Rundbogen acht, an der Schmalfeite drei fpitzbogige Fenfter mit herabhängenden Teppichen geziert. An den Fenftern ftehen Priefter, mit der Vorzeigung der Reliquien befchäftigt; unten auf der Strafse, zu beiden Seiten des Gebäudes, fitzt auf Bänken dicht gedrängt die Menge der Zufchauer.

Der Heilthumftuhl wurde 1483 erbaut und ftand quer über der Strafse zwifchen der Brandftätte und den ehemals der Weftfeite des Stephansdomes vorgebauten Häufern, ungefähr an Stelle der heutigen Baugruppe 8 und 8[A]. Er wurde im Jahre 1700 bis auf einen kleinen Theil, der beim Mefsner- und Bahrausleiherhaus ftehen blieb und an welchem fich nebft der Jahreszahl 1483 noch die Infchrift: Niklas Scheller die Zeit Kirchenmeifter" und die zehn Gebote befanden, abgetragen. Zu diefem Zwecke fand 1699 zwifchen dem Stadtrathe und dem Wiener Bürger Johann Baurnfeindt, welcher feit 1697 Befitzer des Haufes auf der Brandftätte neben dem Heilthumftuhl war, eine Vereinbarung ftatt, zufolge welcher dem Letzteren die Bewilligung zur Abtragung des Heilthumftuhles unter Anderm auch mit der Verpflichtung ertheilt wurde, die an demfelben befindlichen Wappen und die Statuen St. Stephans und der heiligen Katharina beim Abbruche des Gebäudes *möglichft zu verfchonen, unzerbrochen* herabnehmen und an dem ihm zu bezeichnenden Orte auf feine Unkoften wieder anbringen zu laffen.[1] Der nach diefer Abtragung noch erhalten gebliebene Theil des Heilthumftuhles wurde 1792 zugleich mit der Häuferreihe vor der Weftfeite des Domes entfernt.

Von dem Heilthumftuhle aus wurden übrigens die Heiligthümer nur *gezeigt*, nicht in demfelben *aufbewahrt*, wie manchmal irrthümlich berichtet wird. Das Heiligthumbuch felbft legt auf Sign *c i* r. Zeugnifs ab,

---

[1] Berichte des Alterthums-Vereines zu Wien, Band XI, pag. 242, Urkunde 141.

X

dafs alle in demfelben aufgezählten Reliquien und Kleinodien in der *Schatzkammer* des St. Stephansdomes (damals wahrfcheinlich ober der Kreuz- oder Eugen-Kapelle) aufbewahrt wurden; überdiefs fand OGESSER in den Ausgabsbüchern der Cuftodie die Beträge verzeichnet, welche für das jedesmalige Übertragen der Reliquien von der Schatzkammer nach dem Heilthumftuhle bezahlt wurden.[1]

Der Abbildung des Heilthumftuhles fchliefst fich ein Vorwort zum Verzeichniffe der Reliquien an, welches befagt, dafs das Heiligthum von St. Stephan „aus altem Herkommen und löblicher Gewohnheit" alljährlich am Sonntage nach dem Oftertage gezeigt wurde,[2] mit der Ermahnung, „dafs ein jeder Menfch auf fich felbft aufzumerken habe, kein Gedränge, Aufruhr oder Gefchrei anfange, damit Niemand in feiner Andacht beirrt noch verhindert werde, und die Menfchen das Heiligthum mit feinem Schmucke andächtig anfehen, auch die *Erklärung was ein jedes Stück fei,* und den Lobgefang, der dazwifchen gefungen wird, hören und bedenken und fich des grofsen Ablaffes theilhaftig machen mögen". Hieran reihen fich auf 25 Seiten mit 255 Abbildungen die „acht Prozeffionen oder Umgänge des Heiligthums," und zwar: 1. und 2. das Heiligthum Chrifti, 3. das Heiligthum unferer Lieben Frau, 4. das Heiligthum der zwölf Apoftel, 5. und 6. das Heiligthum der heiligen Märtyrer, 7. das Heiligthum der heiligen Beichtiger und 8. das Heiligthum der heiligen Jungfrauen.

In dem auf das Verzeichnifs der Reliquien folgenden Texte wird, wie bereits erwähnt, über den Aufbewahrungsort der abgebildeten Heiligthümer berichtet, mit der Bemerkung, dafs die Kirche zu St. Stephan zu jener Zeit *aufserdem* noch viele Kreuze, Monftranzen und andere Kleinodien befeffen habe, welche jedoch in das Heiligthum-

---

[1] OGESSER: Befchreibung der Metropolitankirche zu St. Stephan in Wien, 1779, pag. 98. — Ueber den Heilthumftuhl vergleiche noch: CAMESINA: Die Maria-Magdalenen-Capelle am Stephansfreithofe zu Wien und deffen Umgebung (mit Situationsplan) in den Berichten des Alterthums-Vereines zu Wien, Band XI, pag. 293. — Die Anficht der Stadt Wien aus der Vogelfchau, aufgenommen von Jacob HOUFNAGEL im Jahre 1609, geftochen von N. J. VISCHER in Amfterdam 1640, vergegenwärtigt am beften die bauliche Situation des Heilthumftuhles und der angrenzenden Häufer. In feinen „Wiener Skizzen aus dem Mittelalter", 2. Reihe, bringt SCHLAGER die Copie eines Theiles der Houfnagel'fchen Anficht, den Stephansfreithof mit der Magdalenen-Capelle und dem Heilthumftuhl, nach einer in der Hofbibliothek befindlichen Zeichnung aus der erften Hälfte unferes Jahrhunderts, welche er jedoch a. a. O., pag. 314, als wahrfcheinlich von dem kaiferlichen Baumeifter CONTINELLI um die Mitte des 16. Jahrhunderts angefertigt bezeichnet.

[2] Eine theilweife Ausftellung der Reliquien, gleichfam eine Reminiscenz an das einftige „Heilthumsfeft", findet noch jetzt alljährlich am 16. Februar auf dem Hochaltare des Domes ftatt.

buch nicht aufgenommen wurden. Die Rückfeite diefes zugleich die „Befchlufsrede" enthaltenden Blattes ziert ein grofser Holzfchnitt: die Steinigung des heiligen Stephan. Hierauf folgen auf zwölf Seiten der Ablafskalender in Roth- und Schwarzdruck und auf der Vorderfeite des letzten Blattes, als düfteres Memento! in kräftigem Holzfchnitt die Sinnbilder des Todes: zu oberft ein auf einer Tragbahre ftehender Sarg, auf diefem Leuchter und Weihwedel, unter demfelben ein von Schlangen umwundenes von einem Todtenkopfe bekröntes Wappenfchild mit übereinandergelegten Gebeinen, zu unterft ein offenes Grab, darinnen ein theilweife von einem Leichentuche umhülltes, von Schlangen und Kröten benagtes liegendes Gerippe; an den Seiten lehnen Haue und Spaten, eine Bandrolle trägt die Infchrift:

·M·G·W·ALL·HERNACH· 1502·

Die Buchftaben *M. G. W.* auf diefem Holzfchnitte werden mehrfach als Monogramm des heute noch unbekannten Zeichners oder Formfchneiders unferes Heiligthumbuches gedeutet. Aber fchon der gelehrte Bücherkenner DENIS in feiner Gefchichte der Wiener Buchdruckerkunft und Dr. A. ILG in den Berichten des Alterthums-Vereines zu Wien haben die Vermuthung ausgefprochen, dafs diefe Buchftaben nur eine zu den Worten All Hernach gehörige Abbreviatur feien. Als Monogramm des Künftlers dürften fie fchon aus dem Grunde nicht anzufehen fein, weil der Titelholzfchnitt der Ausgabe des Heiligthumbuches von 1514, der, wie eine auch nur flüchtige Betrachtung lehrt, entfchieden von einer anderen Hand herrührt, als die Holzfchnittbilder der Ausgabe von 1502, unten zwifchen zwei Wappenfchilden in einer Bandrolle *dieselben* Buchftaben trägt. Vielleicht waren fie die Abbreviatur irgend eines frommen Spruches, welchen Heuperger als Devife führte. Einige ganz im Charakter der Illuftrationen des Heiligthumbuches von 1502 ausgeführte *nicht* monogrammirte Holzfchnitte in Winterburger'fchen Druckwerken, wie beifpielsweife das wohl unzweifelhaft von dem Meifter der erfteren herrührende Titelbild des Miffale Olomucenfe, würden wefentlich die Vermuthung unterftützen, dafs die in Rede ftehenden Buchftaben nicht als Monogramm des Zeichners oder Formfchneiders in Betracht zu ziehen feien.

An diefer Stelle mufs auch einer mit unferem Holzfchnitte in Darftellung und Infchrift ganz übereinftimmenden getufchten Federzeichnung gedacht werden, welche in der Anfichtenfammlung der k. k.

XII

Hofbibliothek aufbewahrt und in den Mittheilungen der Central-Commiffion IX. Bd., p. 275 als Abbildung eines Grabmales an der St. Stephanskirche ausführlich befchrieben wird, ohne dafs jedoch in der citirten Befchreibung derfelben Darftellung im Heiligthumbuche erwähnt würde. Der untere Rand diefer Zeichnung trägt die folgenden Schriftzeilen: Stein von rothen Marmor auf dem Altare, der von drey Seiten offenen gothifch zierathirten Todten-Kapelle, aufserhalb der St. Stephanskirche, neben dem unausgebauten Thurme gegenüber des Erzbifchöfl. Palaftes. 1788. Eine von derfelben Hand gefchriebene Notiz auf dem Unterfatz-Carton der Zeichnung meldet weiters: Die Kapelle wurde fammt allen übrigen, auf diefer Seite befindlichen Grabmählern, wegen dem Baue eines Schulhaufes abgebrochen; diefes wurde jedoch nach der Vollendung, wegen Verunftaltung der Kirche, in Folge Befehls Kaifer Jofeph II. bey feiner Zurückkunft aus dem Türkenkriege, auf Koften des St. Wr. Mag. Stadtunterkämmerers, Stephan Wohleben, wieder demolirt. anno 1788.

Diefe aus der Sammlung des Gefchichtsforfchers Ignaz de Pauli von Enzenbühl ftammende etwa 1830—1840 angefertigte Zeichnung ift nichts als eine Copie nach dem Holzfchnitte des Heiligthumbuches, aus welchem noch das Titelblatt mit der Figur des geharnifchten Ritters und die Abbildung des Heilthumftuhles, in derfelben Weife ausgeführt, fich in der Sammlung der Hofbibliothek befinden. Kann daher diefe Zeichnung nicht als Beweisdocument dafür gelten, dafs jemals ein folcher Grabftein fich an dem Stephansdome befunden und, wie man dann wohl fchliefsen müfste, dem Zeichner des Heiligthumbuches als Vorbild für fein Wappen des Todes gedient habe, oder umgekehrt, in demfelben Jahre ein Grabmal nach dem Holzfchnitte ausgeführt worden fei, fo find die auf der Zeichnung befindlichen handfchriftlichen Notizen an und für fich gegenftandslos, weil auf der Nordfeite des Domes aufser dem ehemals zwifchen zwei Pfeilern an der Weftfeite des Thurmes eingebaut gewefenen Beinhaufe, welches hier nicht gemeint fein kann, fich keine der Befchreibung entfprechende Todten-Kapelle befand; auch des angeblich *an Stelle diefer Kapelle* erbauten und nach feiner Vollendung wieder demolirten Schulhaufes gefchieht nirgends Erwähnung.

Auf den Holzfchnitt mit den Sinnbildern des Todes folgt fchliefslich noch eine Textfeite, welche uns Kunde gibt, dass das Heiligthum-

und Ablafsverzeichnifs des St. Stephansdomes im Jahre 1501 durch den Wiener Bürger und Rathsherrn Matthäus Heuperger zufammengeftellt und 1502 durch Johann Winterburger zu Wien gedruckt worden fei. Am Schluffe des Textes ift das von einer männlichen und einer weiblichen Figur in einer einfachen Umrahmung gehaltene Wappen des Matthäus Heuperger abgebildet: ein fenkrecht getheilter Schild mit je einem spitzen weifsen Felfen im erften (rothen) und zweiten (fchwarzen) Felde; beide Felfen umgibt ein die untere Schildeshälfte ausfüllender Geflechtszaun, das ererbte Wappen der Herren von Pankirchen. Ueber dem Schilde, auf einem gekrönten Helme, erfcheinen wieder die beiden Berge und der Zaun zwifchen (rechts fchwarzen, links rothen) Adlerflügeln.[1] Diefer Holzfchnitt *fehlt* in fämmtlichen mir bisher zur Kenntnifs gekommenen Exemplaren des Heiligthumbuches mit Ausnahme des der Reproduction zu Grunde gelegten auf Pergament gedruckten im Befitze des k. k. Oefterreichifchen Mufeums und ift auch in der Befchreibung beider Ausgaben bei DENIS nicht erwähnt. Das Exemplar des Oefterreichifchen Mufeums enthält aufserdem auf der Innenfeite des gleichzeitigen Original-Einbandes dasfelbe Wappen auf Pergament mit Aquarellfarben gemalt. Auf das Vorfatzblatt ift ein Holzfchnitt, ein türkifches Zeltlager vorftellend, geklebt und auf deffen oberen Rand find in kräftiger Fractur aus dem Anfange des XVI. Jahrhunderts die Worte gefchrieben: Jhefsus Maria. M. H. Aller Wahrfcheinlichkeit nach ftammt alfo diefes Exemplar aus Heuperger's eigener Bibliothek und wurde nur bei einer kleinen Anzahl von Abzügen am Schluffe das Wappen des Herausgebers beigedruckt.

Auch durch einige kleine Abweichungen im Texte unterfcheidet fich das Exemplar des Oefterreichifchen Mufeums von der Mehrzahl der mir bekannten Exemplare der Ausgabe von 1502. So heifst es in dem erfteren auf Sign. *b i* v. in der Befchreibung der 5. Figur: . . . darinn sein hei heyltumb, in den übrigen Exemplaren fehlt die Silbe hei; auf Sign. *b ij* r. bei der 7. Figur: Ain arm sanud Bartlme, in den anderen correct sannd; auf Sign. *b viij* r. in der erften Figur: . . . . sand

---

[1] Das „verbefferte" Wappen der Heuperger hat als Helmkleinod einen gekrönten goldenen Löwen zwifchen zwei mit je drei Pfauenfedern befteckten Büffelhörnern, deren eines oben roth, unten weifs, das andere oben gelb, unten fchwarz ift. (WISSGRILL a. a. O., pag. 326.) Diefes verbefferte Wappen hat Auguftin HIRSCHVOGEL für Leopold Heuperger geftochen. (Bartsch 114.)

Petrnoell, in den übrigen correct Petronell — Correcturen, welche während des Druckes waren vorgenommen worden.

Es erübrigen noch einige Worte über die *Ausgabe des Heiligthumbuches von 1514;* diese war kein completer *Neudruck,* fondern es wurden dem Refte der Auflage von 1502 nur ein neues Titelblatt und vier Seiten Nachträge zu dem Schatzverzeichnisse beigefügt, woraus sich die in verschiedenen Zufälligkeiten vollkommene Übereinstimmung des Textes und die gleichlautende Schlussschrift mit der *Jahreszahl 1502* in *beiden* Ausgaben erklärt.

Der Holzschnitt des Titelblattes von 1514 zeigt in einer reichen Umrahmung mit Kindern und Wappenschilden die Figur des heiligen Stephan, im Hintergrunde die Stadt Wien. Unten in der Mitte des Bildes trägt eine Bandrolle die oben besprochenen Buchstaben *M. G. W.*; in den unteren Ecken Kinderfiguren mit dem Wappen des Martin Heuperger, den beiden Bergen mit dem Geflechtszaun und demjenigen seiner zweiten Gattin Anna Parth, einem Mannskopf en face gesehen, mit ftarkem Barte und kahlem Scheitel.[1]

Die dem Nachtrage zu dem Reliquienverzeichnisse voranstehende kurze Einleitung berichtet uns, dass in denselben nebst den Stücken, welche seit 1502 zu dem Reliquienschatze neu hinzugekommen waren, auch mehrere bereits in der Ausgabe von 1502 abgebildete, seitdem neu gefasste Heiligthümer aufgenommen sind, und dass dieser Nachtrag abermals auf Kosten des M. Heuperger veröffentlicht wurde. Die 21 Figuren dieses Nachtrages sind mit Buchstaben *a* bis *x* bezeichnet und nach den acht Umgängen geordnet. Als neu gefasst sind 6, als neu hinzugekommen 15 Heiligthümer aufgeführt.

Der vorliegenden Reproduction der Ausgabe von 1502 sind das Titelblatt und die Nachträge von 1514 am Schlusse angefügt, so dass also in derselben *beide* Ausgaben vereint erscheinen.

Aus der langen Reihe der in dem Heiligthumbuche verzeichneten Reliquiare finden sich in dem Schatze von St. Stephan nur mehr ein

---

[1] Die vereinten Wappen der Heuperger und Parth finden sich auch noch auf der Wappengruppe im Schlosshofe zu Ebreichsdorf, welche Hieronymus Beck, der Enkel des M. Heuperger, beim Umbaue des Schlosses (1581 — 1588) dasselbst anbringen liefs und ferner auf einer Sandsteintumbe über der Beck'schen Familiengruft auf dem Friedhofe bei der Pfarrkirche zu Ebreichsdorf. (LIND: Archäologische Notizen über Niederösterreich in den Berichten des Alterthums-Vereines zu Wien, Band XV, wofelbst auch eine Abbildung der Wappengruppe und der Tumbe. — DERSELBE: Die Chronik der Familie Beck von Leopoldsdorf in den Blättern des Vereins für Landeskunde von Niederösterreich, Neue Folge Band XI.)

Pacificale aus emaillirtem und vergoldetem Silber mit einem von Herzog Rudolph IV. der St. Stephanskirche verehrten Kreuzpartikel (abgebildet Sign. *a v* r., Fig. 1 und als *neu gefa/st* im Nachtrage von 1514, Fig. *a*) und das Andreaskreuz (Sign. *b ii* r., Fig. 2) vor. Von allen übrigen dafelbft abgebildeten Reliquienbehältniffen ift heute leider nichts mehr vorhanden. Zur Zeit der Türkenzüge und der Kriege gegen Frankreich wurden die Reliquien aus ihren koftbaren Faffungen und Behältniffen herausgenommen und diefe veräufsert. Jetzt find die Reliquien in der einftigen „fchönen Heilthumb-Sakriftei" an der Südfeite des Chores in zwölf Wandfchränken und zumeift künftlerifch wie materiell werthlofen Faffungen aufbewahrt. Von um fo gröfserem kunft- und auch localhiftorifchem Intereffe ift daher unfer Heiligthumbuch — es bewahrt die Erinnerung an die einft bedeutenden Kunftfchätze des Wiener Domes.

Zum Schluffe mufs noch mit befonderem Danke die materielle Förderung hervorgehoben werden, durch welche das hohe k. k. Handelsminifterium die Herausgabe diefes im Originale in nur fehr wenig Exemplaren erhaltenen Buches ermöglichte, fowie die Liberalität, mit der die Bibliothek der Stadt Wien das in ihrem Befitze befindliche Exemplar des Heiligthumbuches mit den Nachträgen von 1514 für die Zwecke der Reproduction zur Verfügung ftellte. Die Herftellung der photozinkographifchen Platten und der Druck wurden in der k. k. Hof- und Staatsdruckerei beforgt.

WIEN, 26. November 1881.

FRANZ RITTER.

In disem Puechlein ist Verzaichent das Hochwirdig heyligtůb so man In der Loblichen stat Wienn In Osterreich alle iar an sontag nach dem Ostertag zezaigen pfligt.

Aller heyligñ
en Sand Stef
Turn vnd an=
kait. Abgunn

Thuemkirch=
fan Mit dem
der schigklig=
deruebt. ??.

Die Vorred

Ⓝ dem namen der Ewigen vngetailten vnd aller heyligisten driualtikait gots vaters Sones vnd heyligen geysts. dreyer person eins ewigen wesen. Amen. Wiewol gar pillich zymlich vnd gepurlich were. Anfangs võ dem hochwirdigen heyltumb ein schöne Lobrede zethuen. Wieweil es aber mit kurtzen worten nit beschlossen mag werden vnd lang Rede ditz mals nit stat wil haben. darzue wir auch die gnad tugend krafft vnd trost desselben heyligtumbs nit genue gsamlich volloben mögen Demnach sollen vnd wellen wir got den allmechtign in aller diemuetigkait mit andechtigen berewten hertzen anrueffen vnd pittũ. das er durch sein gotliche genad. die geprechligkait vnserr versteutnüß abwennde vnd vnser gemuet barmhertzigklich erlewchte Also das wir diß gegenburtig heyligtumb vnd das leyden vnnsers herrn Jesu christi. Auch die marter vnd das verdienn aller lieben heyligen ansehen zu hertzen nemen vnd betrachtñ Vnd dardurch das ewig hymlisch vaterlannd erlanngen mogen. Amen

Ⓐnfengklich zumerken. nach dem von den heylign vetern Bebsten Cardinelen Legaten Ertzbischouen vnnd Bischouen ain gros mergklich anzal Bebstlicher bullen vñ antlaßbrieue bey dem Lobwirdigen gotshawß aller heyligen Thuemkirchen sand Steffans vorhanden sein. welher Innhalte hierinn zubegreiffen verdrießlich zuhoren were Vmb deßwillen. die gnad vnd ablas in denselbñ brieuen vermelt in nachuolgendem Kalender angezait vnd begriffen Anno noch vber das in sonderhait ain treffenlicher antlas aus obberurten brieuen gezogen vnd beschriben ist. Welher Mensch eins puswertigen lebens. berewten hertzens: vnd gueten fursatz benätes wirdig Gotshawß sand Steffans mit andacht heimsucht. erlangt genad vnd ablas tötlicher sund vnd zwir souil leßlicher wie hernach pegriffen ist

Item Welher mensch in sand Steffans kirchen. das Salue regina. so man all Sambstag abent. vnd in der Vasten all tag Singt. hört vnd mit anndacht dabey ist erlägt albeg. ij. M. xl. tag.
Item all Sonntag das gantz iar. Von dem gotsdienst da selbs zu sand Steffan albeg vj. M. iij C. lxx. tag.
Item all montag wer: ij. Pater noster. vnd souil Aue maria. allen glaubigen Selen zu hilff vnd trost in sand Steffans kirchen mit andacht pett. albeg. iiij. iar vñd xl. tag.
Item all tag. von den tagzeiten der korherrn. v. M. viij. C. lxx. tag.
Item von ainer yeden Meß oder ambt. vj. M. vj. C. vnd xl. tag.

a ij

Item von yeder predig. iiij. M. viiij. C. lx. tag.
Item wer nider kniet so der briester wandlt gotsleichnam in der mess vñ andechtigklich pett, erlangt. viiij. C. vnd lxxx. tag.
Item von dem ambt vnnserr lieben frawen so man alltag auff vnser frawen altar singt, albeg. iiij. C. tag.
Item von dē Æni sctē, so mā zu dem selbñ ambt singt albeg vj. c. lxxx. tag
Item wer vor sand Andre alltar andechtigklich pett. ij. Pater noster. vnd souil Aue maria. erlangt. iij. C. xx. tag.
Item all freitag von der Respons. Tenebre facte sunt. j. C. lxxv. tag.
Item wer in den Kor get vnd andechtigkleich darin pett. iij. C. xx. tag
Item wer vorm kor vor dem Crucifix iij. Pater noster. vnd souil Aue maria andechtigklich pett. iij. C. lx. tag.
Item wer vor dem Sacrament mit andacht pett. v. Pater noster. vnd souil Aue maria. ij. iar souil quadragen. vnd sunst lxxx. tag.
Item welber mensch durch sand Steffans kirchen get vnd mit andacht pett. j. Pater noster. vnd j. Aue maria. v. C. vnd xx. tag.
Item welber mensch in sanno Steffans kirchen allem heiligtumb zu lob vnd ere spricht. v. pater noster. vnd souil Aue maria. Erlanngt von yedem stugk des heiligtumbs. ij. C. lxx. tag.
Item welber mensch vmb die kirchen get vnd pett mit andacht vmb all gelawbig Selen der corper da pegraben seind. erlangt. ij. M. xl. tag.
Item wer dz hochwirdig sacramēt zu den krägken belait. vj. m. vj. c. xx. tag
Item von blaittung der heiligen Olung. vj. M. vj. C. xx. tag.
Item wer iij. Aue maria, knyend mit andacht pett So man amb morgen oder abent lewt zum Englischen grues. viij. M. vj. C. xl. tag.
Item an hochzeitlichen tegen Christi. An vnserr lieben frawen. vnd an andorn hochzeitlichen tegen des iars. xiiij. iar souil Quadragen. Oder viiij. iar vnd xij. M. ij. C. vnd lxx. tag.
Item So man das Heiligtūb zaigt. xvj. iar vnd souil quadragen. Oder j. M. j. C. vnd xl. tag. And vber das ist gar ain treffenlicher Anntlas Inhallt oberurter brieue vnd insigl auf all hochzeitlich teg des gantzen iars gegeben ynder welben diser tag der zaigung des heiltumbs der maisten ainer ist. Demnach noch gar vil mer gnad vnd ablas darauf geuellet wie vor in den brieuen angezaigt wirdet.
Amb tag der kirchweich benanter aller heiligen Thuemkirchen sand Steffans daran man das heiligtumb zaigt in sonderhait. xiiij. M. v. C. vnd xxxiiij. tag.
Item welber mensch Ime ain Begrebnus zu sand Steffan erwellt. Erlangt. v. C. xx. tag.
Item wer bey Begrebnus der Toden ist. ij. M. viij. C. tag.
Item wer geschefft thut zu benanter sand Steffans kirchen. Oder rate vnd billff zu den gescheften gibt. M. vnd iiij. C. tag.

Item Am achtisten aller Selen tag von der kozberren Selambt v. iar
vnd souil Quadragen
Item wer bilff vnd stewer zwm gepaw oder zier des heiltumbs raichet
od die Capellen vn̄ alter mit andacht haimsuecht vij.M.ij.C.vn̄ lrij.tag
Item wer vmb Stiffter vnd Stiffterin Jn sonderhait fur all Fursten vo
Österreich andechtigkleich bitt vnd anndere guette wergkh volbzingt
ij.M.viiij.C.rr.tag.
Item Hertzog Rudolf von österreich loblicher gedechtnuss, hat in der
kirchtur benanter aller heiligū tumkirchen sand Steffans am hineingen
auf ō Zingken band in der mawer bei des vō Tyrna capeln ainen stain mit
glockspeiss eingenasst darauf sand Colmās plüt do man Jm die schinpain
zesagt geflossn̄.Darumb auch gar vil heiltūb vermawert ist. Wer sich mit
dem selben stain bestreicht od sich andechtigklich dargegn̄ naiget erlankt
von ainem patriarchen vnd ir.bischofen albeg von yedem rl.tag todlicher
sund vnd zwir souil lestlicher.
Item wer vor der pildnuss der parmhertzigkait vor dem Karnner auff
dem freithof spricht knyend vnd mit andacht iij. Pater noster vnd souil
aue maria. M. vnd C.tag.
Item Wer da andechtigkleich pitt fur die so den Anntlas erlannget ha-
ben: M.vnd ij.C.tag.
Item Babst Bonifacius der Newnt gibt allen puesswertign̄ menschn̄
die an des heiligen fronleichnams tag andechtigklich seind bei dem vmb-
gang Allen antlas der zu allen kirchen vnd Clostern in der Stat Wienn
an allen hochzeitlichen tegen des gantzen iars gegebn̄ ist. Auch am ach-
tisten tag gotsleichnābs eben geleich allen retzuorgeschnbn̄ antlas nach
inhalt ainer Bebstlichen Bulle darumb vorhanden. Was aber noch
vber das auf benanten gotsleichnambs tag.genad vnd ablas von den hei-
ligen vettern Bebsten Cardinaln Legaten vnd Bischofen zu bemelt-
sand Steffans gotshaws gegeben ist im Kalender hernach begriffen.
Uber das alles ist das vorgenāt wirdig gotshaws aller heiligen Thum-
kirchen sand Steffans mit vil mer treffenlicher genad vnd ablas vonn
den heiligen vetern Bebsten Cardinelen Legaten vnd Bischofen be-
gabt vnd furgeseben darinn lanng zuschreiben wer. vnd aber aus kürtz
vnderwegen beleibt Sonderlich die gar allten anntlasbrief vnd Bullen
der Jnnhallt man von allter abgegangner schrufften wegen nit mer lesen
mag.welh genad vnnd Ablas ain yeder Christen mensch durch peicht
puess Rate hilff Stewer vnnd andere guete werck wie vorstet wol mag
erlanngen. vnd Jm on zweisl darmit ainen weg zu der ewigen seligkait
machen.darzue vnns got der almechtig aus seiner gotlichen Barmher-
tzigkait an vunserm lesten ennde genedigklich eruordern vnd anfnemen
auch vnns der hymlischen freid in der ewigkait nit verzeihen welle.
o iij

Die Form vnd gestaldt des heyltumbstuels.

Ernach ist in Figuren vnd Schriften klerlich angezaigt wie das hochwirdig heyltumb benannter aller heyligen Thuemkirchen sand Steffans in der Loblichen stat wienn des Ertzhertzogtumbs Österreich aus alltem herkomen vnd Loblicher gewonhait alle Jar ierlich Sontags nach dem Ostertag gezaigt wirdet. Mit diser ermanunng das ain yeder mensch auf sich selbs aufmerken habe. kain Gedrang Aufrur oder geschrai anfach. darmit nyemand in seiner Andacht geirret noch verhindert werde. Vnd die menschn diss hochwirdig heyltub mit seiner gezierde andechtigklich vnd mit berewtem hertzen anschawn Auch was ain yedes Stugk sey. vnd das Lobgesang so man darzwischen volbringt. horen vnd bedenncken vnd sich des grossen Anntlas tailhaftig machen moge. Nachmals all christenlich mennschen ermonend got den allmechtigen mit demutign hertzn anzerueffen vnd zupittn das er durch sein gotliche genad all geprechligkait vnd Mangl der gemainen Christenhait barmhertzigklich abwende. Den heyligen gelawben beschutz vnd nit in abnemmung kommen lass. Darnach vmb gotswillen fleissigklich zupitten vmb all menschen Lebendig vnd tot die got dem almechlign der Lobsamen Jungkfrawen Maria vnd allen lieben heyligen zu Lob vnnd ere. ir Rate hillff vnd Stewer zu gezier vnd merung dels Loblichen heiltumbs geben haben vnd noch konftigklich gebn werden. Got der allmechtig welle den Lebentigen ain glugkselig wesen hie auf erde. Vnd den toten die ewig Rue vnd seligkait verleiben. Auch in sonnderhait nach ainem yeden vmbgang oder proceß pitt man mit namen vmb all Stiffter vnd Stiffteryn des wirdigen Gotshaws vnd nemlich vmb all ander die ir Willff vnd Stewer zu disem heyltumb geraicht vnd geben haben. die hierynn mit namen zubegreiffen nit not sein.

Hernach volgn die acht procession oder
vmbgeng des heyltumbs mit Jren Figuren vnd schigkligkaiten in ainer ordnüg nachainander. Ain yeklichs stuck
in sunderhait mit fleis abgunterruccht.

a iiij

Der Erst vmbgang

Singt man die Respons. Hoc signū crucis

Am Ersten wirt man euch zaigen das heyltumb das vnserm herrn Jesu Christo zuegehort das solt Ir mit Bedechtnuss seins Heyligen leyden In danngkperkait Andechtigklich Sehen.

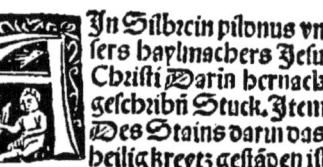

In Silbrein pilonus vnsers haylmachers Jesu Christi Darin hernach geschribn Stuck. Item Des Stains darin das heilig kreytz gestāden ist Des stains darauf xps gestanden ist zu d' tauf im Jordan. Des stains darauf xps gestandn ist so er mit moyses geredt hat. Von dē stain darauf christus stuend vn̄ vber das volgk den segen gabe. Von dē sant vnd erden des jordan. Von der guldein portn. Von dem agker gekawft vō den xxx. pfenning darumb xps verkawft ward. Von der Cron darauf xps seinen plutigen schwaiß vergossen hat. Etlich tropfen des wunderlichn pluts xpi so vō ainē stich ains Judn mit ainer lantzn in ain Crucifix getan heraus Geflossen ist welhe lantzen hernach gezaigt wirdet. Von dem prat des abendessn xpi. Von dem furhang des Templ Salomonis der sich zerais zu der zeit der marter christi welhen Maria mit aigner hand gewarcht vn̄ in den templ' Geopfert hat. Vonn dem vngenēten rogkh christi. Vonn dem scheflein darin xps mit seinen Jungeren auf dem mer gefaren ist. Von dem prat das vberbeliben ist den funf tawsent menschn̄ gespeist vō xpo. Von der kertzen die dy stat Jerusalem verprent hat. Von dē bymlprat das den juden in der wuest von byml gegeben ward. Des weyrachs der heyligen drei koenig. Und von der Stangen der heiligen Lanntzen damit Christus in sein heylige seyten gestochn̄ ward mit anderm heyltumb.

Darnah werdet ir sehū xxxviij. kreytz mit Silber vnd gold gezieret darin manigfeltigklichn̄ des holtz des heyligen kreytz mit vil anderm heyltūb.

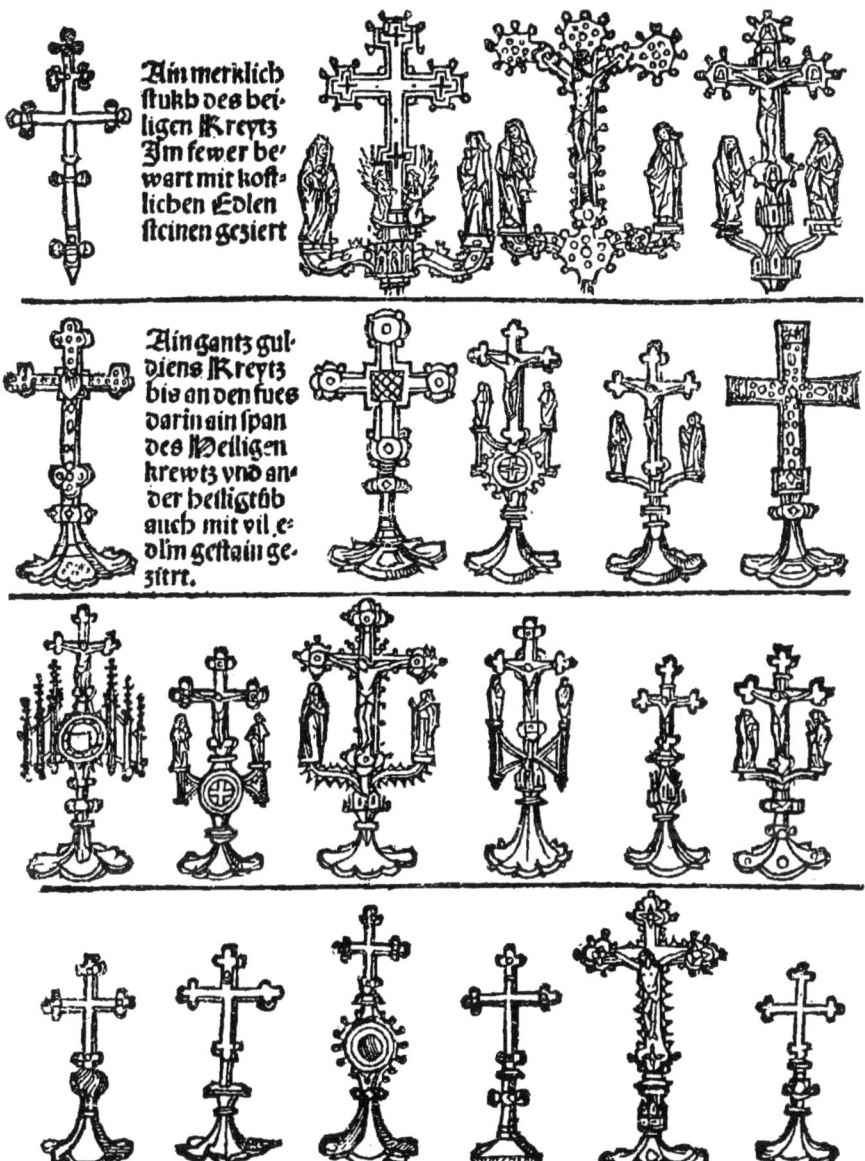

Ain Guldein
kleinat vmbge
bn̄ mit perlein
darin von dem
heiligñ kreytz

Ain guldein Plenari
mit Edlem gestain dar
inn der gerten mit den
Christus Jesus an der
Sewl Gegaiselt ist
worden.

Ain silbrein vergulte mon-
strätz gesehikt als ain kreytz
darynn auch der gerten mit
den der herr gegaislt ist wor-
den Auch der klaider christi
vnd des stains von dem der
herr Christus gein Hymell
ist gefaren.

 Ain Silbrein plenari mit ainem ölperg darinn ain ſtain von dem Grab Chriſti. Auch das heyltumb Sand Andre vnd ſand Kathrein.

 Ain ſilbrein plenari mit ainer weitñ parillñ darinn des heyligen krewtz mit mer heyltumb.

 Ain ſilbrein vbgulte monſträtz darinn des heiltumb von dẽ grab Chriſti. auch S. Jacob des merern vñ S maria magdalen.

 Ain ſilbrein vergulte möſtrautz darin dz heilthb von ẽ Seyl. daran xps gegayſlt iſt wordñ. võ dẽ grab xpi. von dẽ mannet xpi. vnd vil ander heiligtumb.

 Ain ſilbrein vgults pectoral mit Edlem geſtain vnd perl geziert darinn von dem heiligen kreytz vnd vil ander heiltumb.

Der annder vmbgang.

Singt man die Reſpons. In mõte oliueti.

Aber wirt man euch zaigen das heyltumb das vnnſerm herrn Jeſu Chriſto zuegehort.

 Ain Guldein monstråtz dar inn drei dorn aus d́ dorneyn kron vnsers herren Jehsu christi.

 Ain Silbrein vergulte monstrantz Auch drey dorn auß der vorgenanten kron.

 Ain hilbrein vergulte mõstrantz darin ain dorn aus der kron xp̃i.

 Ain Silbrein mõstrantz vergullt darin ain dorn aus der kron. vñ Des vngenetñ rogk vnd des purpurn gewåds Christi.

 Ain silbrein v̌ gulte mõstråtz darin ain dorn aus der kron mit anndrem heiltumb Jehsu christi. auch vnnser lieben frawen.

 Ain guldeine mõstråtz darin des tůchs mit dem ď beť xp̃s vmgeben ist wordñ an dem heiligñ kreytz auch darin aller zwelfpoten heiltumb.

 Ain Guldein mõstråtz darin des schwambß der vnserm herren Jesu Christo an dé heiligen krutz ist geraicht worden mit essig vnnd gallen.

 Ain Guldein plenari darinn von dem beyltumb des plůtigen schwais Christi.

 Ain guldein plenari darin das beyltůb von der Beschneidunng Christi.

 Ain vergullte mõstrantz dar in ain nagel da mit der beť an das krewtz genagelt ist worden.

 Ain Plenari mit ainem silbrein vergultñ plech darynn des vngenetñ rogks vnd des schurtztůchs christi mit mer heiltumb

 Ain Silbrein vergulte monstrantz darinn von dem purpnrñ Rogkh Christi.

 Ain Mercklich stugk des stains von der Sewln daran Christus gegaiselt ist worden.

 Ain wolgeziert gros plenari dar inn die wintl mit den Christus ein gewickelt ist gewesen in der krippen.

 Ain wolgezierts vergults plenari darinn des Tisch tuchs auf dē der herr Jhesus mit seinen Jungeren das lest abentessen hat geessen

 Ain silbrein v̄ gult monstrantz darin des tuchs in dem der herr Christus geopfert ist in den Tempel.

 Ain paten gesprengt wunderlich mit plut

 Ain lantzen so ain Jud in ain crucifix gestochen hat gesprengt wunderlich mit pluet

 Ain silbrein v̄ gulte mosträtz geschigkt als ain straussen ay darauff sannd Barbara pild darin von dem grab rpi mit anderm heyltumb.

 Ain monsträtz darin des mirren vn des weirachs aus dem grab Christi.

 Ain silbrein v̄ gulte mosträtz darin des heyligen Crewtz. Auch heylig tumb võ sand Georgen vnd von sannd Augustin.

 Ain Plenari mit ainer mayestat: darinn vil partigkell mit heiltumb

 Ain cristalline monsträtz darin des ertrich mit dem Christus bestrichn hat die augen des plintgeboren menschen.

 Ain silbrein vergulte monstrantz mit der pilonuß vnsers heren vñ vnser frawen dar inn von dem messer da mit Christus beschniten ist worden.

 Ain wolgezierts groß plenari silberein vergullt. Darinn das tuech daryn der herr Cristus im grab gelegen ist.

 Ain Silbrein vergullter Kopff daryn von dem Tisch darauff vnser herr Jhesus Christus mit seinen Jungeren das abent essen gehalten Und des Brots des seyn heylig Junger mit Jm geessen. Auch von den Rorstangn da mit Jm die Juon die kron in sein heyligs haubt getruckt haben.

Der drit vmbgang

Singt man die Respons. Felix namqz.

Nun wirt man euch zaigen das heyltumb vnser Lieben frawn.

 Ain guldeine Monstrantz darynn des hars der junkfrawñ Marie

 Ain Krewtzll das vnſer liebe fraw nach der auffart Chriſti an irem hertzen getragen hat

 In ainer Silbrein vergulten monſtrantzen des Schlairs vnnſer lieben frawen

 Ain Silbrein klains plenari darynn auch des Schlairs vnnſer lieben frawen

 Ain gros Plenari mit ainem Glas darynn vnſer lieben frawen ſchlair den ſy vnnder dem heyligen Krewtz getragen hat.

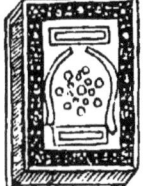 Ain klains plenari.initten ain hefftel mit perlein.darynn von der pfait:gurtl vnd ſchlair vnſer liebñ frawñ

 Ain ſchwere ſilbreine vergullte tafel.darynn das heyltumb vnſer lieben frawñ vñ der Heyligen zwelffpoten.

 Ain Silbreine vergulte monſtrants darynn das heyltumb vnnſerr liebñ frawen mit mer andern heyltumb.

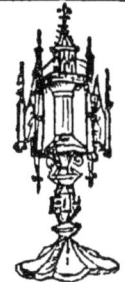 Ain ſilbreine vergulte monſtrantz Darynn vnnſerr frawen gurtell.

 Ain Silbrein pild sand Anna darum ir heylig tumb. auch von ainer ripp sand Regina. darzw S. Fortunat vñ verone der iunkfrawñ heiltůb.

 Ain Silberein vergulte Monstrantz mit ainer parillen darinn võ dem mãtel vnnser liebñ frawen.

 Ain silbrein vergulte monstrãtz darin der gurtll vnd ander heiltumb von vnnserr lieben frawen, auch sand Margarethen heyltumb.

 Ain Silbrein vergulte monstrantz darinn võ dem schlair vnd gurtl vnnserr lieben frawen.

 Ain Silbrein Pild Marie mit irem heyltumb.

 Aber ain Silbrein pild marie mit vil heiltumb.

 Ain klaine mõstrantz. In der mitt ain scherhlligs glas. darin heiltůb von vnser lieben frawñ vnd sand Katherein.

 In ainer Silbrein monstrãtz von der Gurtl Marie. Auch heyltumb von dem plut sand Steffan vnnd sand Georgen.

 Ain Silbrein vergulte monstrantz: gehört zu dem Sacrament. Darinn vnnser frawen heiltumb.

 In ainer parilleinn monstrantz der faon die maria gespunnen hat vnd von dẽ haubt sannd peter õ das Salue gemacht hat

 In ainem halben strawssen ay etwas vergult das heiltumb vnnserr lieben frawen vnd sand Helene.

 In ainer vgulten monstrantz vorn mit ainer scheibling parilln von dem grab Marie. auch heiltumb sand Anna vnd sand Barbara

 In ainē parillein kopfl mit silber geziert vñ vergullt dz heiltūb marie Sannd Lienharts vnd der ñ. M. maid

 Aber in ainē parillen kopfl võ dem degklach vnser lieben frawen vnd des hars marie magdalene.

 In ainer Silbrein möstrātz mit ainer parillen gescheibt des rogks rpi vñ des schlairs vnser frawen.

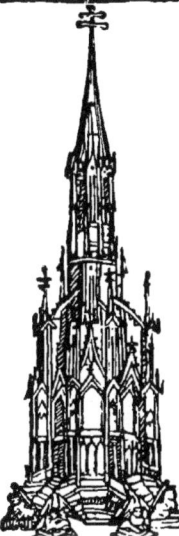

 In Ainer Greiffnkloe darauf sand Georgn pild. Uonn dem schlair Marie mit mer heyltumb.

 In ainer silbrein vergultn grossen möstrātz gebo-rend zw dē sacrament heyltūb võ vnserr frawn vnd S. Georgen.

In ainer Silbren hohen Monstrantz geschigkt als ain Thurn võ dē Gurtl vnserr lieben frawen die sy mit Iren henden gemacht hat. Uon dem kynpagken kaiser Hainreichs. Sand Tropbin vnd sand Anna mit mer heyltumb.

 In ainer m̄S. strontz mit ainer Cozaln dz heiltumb vnser lieben frawen. Sannd Valētin mit mer heiltūb

 Ain silbrein vergults möstrentzl darauf vnserfrauwen pild. Darin vnser frawn har vñ võ ir gurtl. vō stain damit man sand Steffan verstaint hat mit vil mer heiltumb.

 In ainē Silbrein vergultn pacifical mit dē englischen grus võ dem Slair marie d innckfrauñ vnd von dem pett marie.

b

Der viert vmbgang.

Singt man die Respons. Fuerunt sine querela.

Nun wirt man euch zaigen das Heyl-
tumb der Heyligen zwelffpoten.

 Von Erst zway silbrein pild der hey-ligen zwelff-poten S. phi-lip vnd sand Jacob mit irem heyltub  Ain Mon-strantz von permuter darauff ain weisse plum darinn ain Finger des Heyligen sand Andre.  Ain guldner Adler darinn das heyltüb S. Johans des heyligen zwelffpoten vnd Ewangelisten.

 In ainer alten mösträtz dar-auf ain digeg-kete plum. võ dem krewtz sand Peter vnd des heyl-tübs s. pauls.  Ain silbreins vergults pild sand Johans des Tauffers darinn sein bei heyltumb  In ainer Sil-brein vergulten möstrantz mit ainem bawbt auf ainer schuf-sel. das heiltüb S. Johanns des tawffers

 In sand Jo-hans pilonuse silbrein vñ ver-gult Von dem Arm sand Jo-hans des tauf-fers ain mich-ler tail.  In ainer Sil-brein vergult möstrantz mit zwein Turnen von dē hawbt vnd ain Zand sand Johans des tawffers.  Ain hohe silbrein ver-gulte monstrantz mit colm gestaim. darinn das heyltumb der hey-ligen zwelffpoten sand Philip vnd Jacob Des heiligen krewtz S. Barbara. S. wen tzla vñ S. Procopi.

 In ainem Silbrein vergultn pruſtpilo. von dē baubt ſand Andre des zwelfpoten

 Ain kreltz vonn dem holtz dar an ſand andre gekrew zigt iſt wor den.

 In Ainer Silbrein vergulten mōſtrantz vonn dem bawbt S. Jacob des merern.

 Ain pruſtpilo von dē bawbt ſand Jacob des myndern.

 In ainer Silbrein mōſtrātz mit perlſmiter vergult darauf ain ban. darin des hawbts ſand barnabe.

 In Ainer ſilbrein vergultn monſtrantz vō dem Arm der zwelfpottn ſand Philip vnd Jacob.

 Ain arm ſand Bartlme Geziert mit ſilber vnd gold.

 Ain ſilbreine vergulte monſtrauntz Mit zwain Enighn darinn dz heiltumb ſ. bartline vnd ſ. Valentin.

 Ain ſilbrein v gulte mōſtrātz darin das heiltūb ſand Andre. ſand Achaci vnd ſeiner gſelſchafft.

 Ain allte Silbreine vergult monſtrātz mit zwain Engln darinn vō der rip ſand bartlme.

 Ain ſilbrein v gulte mōſtrātz bindn mit perl mueter darinn das heyltumb ſand Marx vn ſand Vcit.

 In ainē ſtrauſ ſenay geziert mit ſilber darinn dz heiltūb ſand Peter ſ. paul. ſ. Steffan vnd ſ. Eraſm.

b ij

 Ain silbrein mōstrātz darinn das beyltumb sand peter vnnd von dem öl sand kathrem.

 In ainer Silbrein vgultn mōstrātz oben vieregket mit dē anplick vnsers herrn darinn S. Andre S. Chriſtoffen vñ S. helena heiltumb.

 Ain silbrein vgult plenari mit vnſer frawen pild in der mit darzu dz heiltumb aller zwelffpoten.

 Ain guldeine monſtrātz mit ainem groſſen gamahō darin das heyltumb sand Marten des Ewangeliſten.

 In ainer Silbrein vergultn mōſtrantz das Meſſer sand Bartlme. vnd von dem Arm S. Steffan.

 In ainer Silbrein mōſtrātz heiltumb sand Andre. sand lucas. sand Georgñ vnd sand Theodorus welher sand georgn bruder iſt geweſen.

 Ain Silbrein vergulte monſtrātz mit ainer Criſtalln darinn heyltumb von sand Bartlme vnd von dem grab Lazari.

 In ainem groſſen silbrein vergulten pectoral mit ainē Crucifix. von der ripp S. Bartelme. vnd das heyltumb sand Auguſtin.

In ainē weiſſen pacifical heyltūb sand Thoman des zwelf potñ. S. Corbinian S. Ulrich. S. De ſiderii. f. Calitz ains babſts. S. Clementen vñ S. mauritzñ. Auch die birnſchal S. Quirin vnd S. Bernharts Rocks.

Der Funfft vmbgang.
Singt man die Reſpons. Iſti ſunt sancti.

Nun wirt man euch Zaigen das heyltumb der heyligen Martrer.

 Ain Silbrein vergults pild vnsers hauhthefn des cristñ martrer sand Steffan. darin ain tail seins Armbs. Auch zwen arm sand Tiburtz vnd Valerian. vnd der arm sand Theodosi auch der arm sand Paulin mit mer heyltumb.

 Ain engel silbrein vñ gult mit ainer scheybling Darin̄ Darinn des thuchs darin sand Steffan verstaint ist worden.

 Ain silbrein mōstrātz ver gullt Darinn ains staiñs mit dem sand Steffan verstaint ist worden.

 Ain silbrein ver gult monstrantz von perlmuter Darauf sand Steffans pild. darinn ain stain mit dē sand Steffan verstaint ist worden.

 Ain Silbrein vergullte mon strātz mit sand Cristoffen ripp

 Den Arm sand Laren tzen in silber geuasst vnd vergullt.

 Den arm sand Vincentzen in Silber geuasst vnd vergullt.

 Den Arm sand Veit auf ainer sil brein vñ gul ten mōstrātz

 Den Arm sand Colman in Silber ge nasst vñ ver gullt.

 Ain silbrein mō strantz, darauff ain arm Sand Georgen in sil ber geuasst.

 Ain Silbrein pild sand Se bastian, an ai ner silbrein vñ gnltñ sewl dar inn sein heyl tumb.

b iij

 Ain silbrein vbgults pild Sand Stef= fans mit sei= nem heiltūb

 In ainer ho= hen silbrein mōstrātz mit ainer parilln sand pangra= tzen hawbt

 In ainem vb= glasten Sil= brein vergul= ten Sarch zway hawbt Cosme vnnd damiani.

 In ainem ver= glasten sarch zway vnschul= dige kindl.

In ainem Cristallein Sarch zway haubt d zehen tawsent martrer. das heyltumb Ger= nasy vnd prothasy vñ alspiris der martrer. Auch von dem arm hermetis des martrers.

 In ainem verglasten sarch dz schwaistuch sand Fridrichs dz schwaistuch S. Sophie auch dreier Jügkfrawñ aus den xi. M. iügkfrawñ. auch heiltūb sand Elisabeth Ar= chemie vnd Costantie.

 In ainem stay= nen Sarch der leichnam sand Deicoli. daber das heyltumb patricy vñ mar cellid mattrer vñ s. Corpofori ains pristers.

 Ain Silbreins pild sand Georgen. Darinn vonn seinem hawbt.

 Die Pfait sand Georgñ.

 In ainē schwaren sarch mit silber beschlagen vnnd vergullt die leichnam d̄ heiligñ martrer Johānis vnd pauli Geruasy vn̄ protasy Felicis. vnnd Adaucti.

 Aber Inn ainem schwaten Sarch mit silber beschlagen vnd vergult ō leichnam ðer heyligen martrer sand Urban. Trophin Theodori vn̄ Sophie.

 Ain silbrein maria pild Darinn das heiltūb sand Georgē. d̄ aindleftaw send maid. vn̄ sand Felicitas.

 Ain greyffenkla mit silber beschlagen darauf sand Colmans pild vergullt Darynn von Sand Colinan arm von sand Georgen hawbt. Und das heyltūb kaiser bainrich.

 Ain greiffnkla mit silber beschlagen vergullt darauf sand Cristoffi pild silbrein vnd. vergult. Darinn von den bawbtern Geruasy vnd Prothasy der heiligen Martrer Auch heiltumb der zehentausent martrer.

 In ainer Silbrein möstrātz heiltumb sand Uincentzn̄ vn̄ sand bernbardin.

 Ain silbrein monstrantz darinn sand Achacj mit seiner gesellschaft. auch S. Sebastian vn̄ fabiā heiltūb

 Ain Silbrein vergulte möstrātz dar in s. larentzen vn̄ an der heyltumb.

 Ain silbrein pild sand steffan Darinn des stains damit sand Steffan verstaint ist wordn̄. Auch s. Theodori s. Georgn̄ brūder heiltumb sand Lazarus pishof vnd martrer. vnd der heiligen tyben brueder genant die siben flaffer.

b iiij

Der Sechst vmbgang.

Sing man die Respons Absterget.

Nun wirt man euch zaygen das Heyl-
tumb der Heyligen marterer.

 In ainē silbrein vergulten prust pild dz haubt s. vrbā des babst vnd martrer dz heiltumb sand Sixt vñ das haubt sannd Zenopy.

 Aber inn ainem silbrein vergultn̄ prustpild des haubts s. Ypoliti des martrer.

 Ain Silbrein pild sand Cristoffel dar inn seyns heiltubs.

 Ain silbrein mōstrantz darauff sunnd Sixten pild dar in sand hrtn̄ haubt sand Laurentzn sand vincentzen vnd sand Ypolit.

 Ain silbrein v̄ gulte mōsträtz vorn mit aime glas darin vō dē haubt saud Sebastian vn sand Fabian.

 In ainer Silbrein vergultn monstrantz ain zanno sand Quirin auch ain zanno sand Barbara.

 In ainer scheyb ligū mōstrārz silbrein vñ vergult binden mit perlmutter das heyltumb sand Steffan S. Larentzn S. Ulrichs S. marcerī vñ S. katbrein.

 In ainer Silbrein vergulten mōstrantz das heyltūb sand Achacij vnd seiner geselschafft.

 In ainer mōstrantz geschikt als ain ban auf aine silbrein vergulten fuels vō ame arm s. sebaftian das heyltūb sand cristoffen sand Jeronimus sand lucas des ewan geliftn̄ vñ Sant veit

 In ainer Sil-breín monstrátz als ein han. das heiltumb sand mauritzn auch vonn der wid Sannd Col-mans.

 In ainem ge-zierten straus-senay darauf Sand Blasy pild mit seinē heyltumb vñ S. agnesen

 In ainem grossn born dz heyltůb Sand eu-stachy.

 In einē halbn strawssnay das hawbt Sannd leodogari eins bischofs vnd martrer.

 In ainē gezier-tn strawssenay das heyltumb Sand lorentzū Sand Blasi sand lamprecht vñ Sād luccin.

 Aber in ainem getzierten straus-senay das heyl-tumb Sād Ju-lian des mar-trer vñ von dē rock Sand an-thoni.

 In ainem wol gezierten straus-senay darauf ain pellican darin ain all S. Erasm

 In ainer Sil-breín vergultn monstrantz dz heyltumb sād lorentzn. sa nd cristine vū der sindlestawsent Junkfrawen.

 In ainer Sil-breín vergulten monstrantz mit ainer Cristallen das heyltumb Sand lorentzn vñ von dem auch Sand Niclas.

 In ainem Cri-stallein kopstein sand mauritzu heyltumb.

 Den Spies sand Georgn.

Ain Silbrein Wild S. Ge-orgen auf aine silbrein vergul-ten sua. mit sei-nem heyltumb

Die Lantzen sand mauritzñ

In ainē wolgeziertñ cristallein sarch dz heiltūb Fortunatie ainer iūgkfrawen vñ martrerin. Carponi vñ Enegasti vnd pristiani irer brud. von dē leichnā sand kunigund s. wilmoidis ainer iungkfrawen. sand Onli sand Cordule sand Irmigardis der iungkfrawen. auch dabei iren kinnpagken dz haubt s. Justine. den arm s. Maurici. den arm s. fosestian. den arm s. gebhard ains abbts. dabei von seiner alben vnd humeral den arm sand Cordule. vnd heiltumb sand Wilhalm.

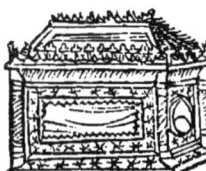

Aber in ainem Cristallein sarch die arm Canciani Cancionilli der martrer. Den arm Justine der iungkfrawen. Den arm sand Thuringi. Ain Rip Albini ains bischofs von Brichsen. Den arm sand Wilhalm. Den arm sand Vincencie ainer iungkfrawen. Der ketn sand Clementis. Ain al sand Erasm vnd sand Otilia pfait.

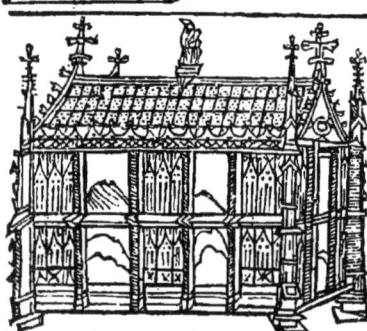

In ainem grossen silbrein sarch dz hawbt sand Andre. Aus den zwain vñ sibenzig Jungern des heiltumbs sand Sixten vnd sand Gregori nazāzeni. Das hawbt sand Wachi. Die hawbt Pruni vnd Feliciani der martrer. dz hawbt sand Zenopi. sand Leontin. Das heiltüb s. Victor. sand Candidi der martrer. Vier leichnam der zehen tawsend ritter. Der leichnam Maximini. sand Columbin. Ain tail des leichnambs sannd Marx des Ewangelisten Vnd der arm sannd Paulein.

Der Sibent vmbgang.
Singt man die Respons. Sint lumbi.

Nun wirt man euch zaigen das Heyltumb der Heyligen Peychtiger.

 Von Erst ain silbrein hohe mōstrātz darin heiltumb sand Jheronimus vnd sand Augustin.

 In ainer Silbrein vergultn monstrātz ain Zannd sannd Gregori vnnd ain Zand sand Agatha.

 Ain silbrein vgulter arm darinn ō arm sand Niclas

 Ain silbrein arm darinn der arm S. Procopi.

 Ain silbrein arm vnden vergult dar inn der arm S. Sebold.

 In ainē silbrein vergultn sarch die schulter sand Marimilian.

 In ainer cristallein mōstrantz die band sannd paternian mit dem fleisch

 Ain Silbrein mōstrantz darinn sand Steffan des kunigs von Hungern arm.

 Ain Silbrein vergults pild s. Niclas mit seinem heiltumb

 In ainer Silbrein mōstrātz vergolt. oz kin pain sand Wilhalm.

 In ainer cristallein monstrantz vō dem arm sand Erbards vn hermetis.

 In ainer Silbrein vergultn mōstrantz das heiltumb sand Ruoprechts Victoris vnd Fabiani.

 In ainer Sil‌brein vergultñ möstrantz das heiltumb sand Anthoni sand Kungund vnd sand Agnes.

 In ainer mon‌strātz von perl muter dz heil‌tūb sand Mar‌tein.

 In ainer Sil‌brein vergultñ möstrantz des Rocks sannd marcell.

 In ainer silbrein vergulten mon‌strantz mit ainer schellen das heil‌tumb sand Vir‌gily sannd Sig‌mund vnd sannd Larentz.

 Ain silbrein ver‌gulte möstrat‌z darauf ain Cru‌cifix, darinn das heiltumb sand Wolfgang vnd sand Barbara.

 Sannd Rue‌prechts kelch mit ainer Pa‌ten.

 Ain bultzein‌er kopf sand Ulrichs.

 Sand vlrichs schwert.   Kaiser karls schwert.

 In ainē silbrein vgstltē krewstñ das beyltumb sand Oswald sand Cristoffen vnd sand Tecle ainer iungkfra‌wen.

 In ainem cri‌stallein kopflen des heiltnmb sand albrechts

 Aber in ainem cristallein kop‌flein dz heiltūb Lucy ains ku‌nigs von Enn‌gelland.

 In ainer silbrein vgulten Kepsen das heiltüb sand Gregori.

In ainer silbrein möstratz dz heiltumb S. Silvester S. Niclas s. Augustin S. Bñdict S. Narciß vnd S. meinrad.

 In ainē bellffenpainen sarch ö leichnamb Sand Fridellin. auch der leichnam sand Ferene.

 In ainē Jaipidein sarch dz heiltumb S. morand Anthonij des grossern Sebastiani Fabiani vñ Dimeri.

 Ain parillein möstratz darin S. Niclas S. wolfgang Kaiser bainrichs heiltüb vnd von sand vrbans finger

 In ainer Silbrein Monstratz des sand vlreichs vō dē leichnā S. Fridellin vñ heyltumb der vnschuldigē kinolen

 Ain silbrein pild sand Leopolds darinn heyltumb vō der Archen Noe.

 Ain Silbreins pilöl sand Ludwigs darinn dz heyltumb des heiligen Sand Gilgen vnd S Dyonisy.

 In ainē silbrein gezierten arm ain Ripp sand Valtteins des marterer. d arm Longinides ritters. Vnd ain arm sand Symeon.

Der Acht vmbgang.
Singt man die Respons. Regnum mundi.

Nun wirt man euch zaigen das heyltumb der heyligen Junngkfrawen.

 Ain silbrein pild sand margreten darinn hailtumb der ainolcf tausend maid.

 In ainem silbrein vergulten prustpild des haubts sand Barbara.

 In ainem silbrein vergulten pild auff ainem stuel das beylrüb sand Dorothe.

 In ainem silbrein vergulten prustpild võ dẽ haubt sand Agnesen.

 Aber in aine silbrein võgulten prustpild des haubts sand Regina

 Ain Silbrein pild sand Agnes darin ires auch s. Adelbild der iunkfrawen vnnd dʼ xj. tawsent maid beitrüb

 In Ainer silbrein vergultn möstrantz ain ripp sand Maria magdalene

 In ainer silbrein vergulten Monstrantz ains fingers sand kathrein. Des Golds der heiligen drei kunig. auch des golds das sand Niclas hat gebñ den Tochtern des armen mans.

 Ain Cristallein möstrātz darinn zwen Finger sand Margreten.

 In ainer Cristallein Monstrantz von dẽ arm sand Elisabeth.

 In ainer Silbrein vergultñ monstrātz der Klaider sand Elizabeth.

 In ainer Cristallein Monstrātz. Des tuchs darin sand Ketherina enthawbt ist worden.

 In ainer Cristallein monstrantz darauf ain krewtzl, das heyltüb sand Petrnoell Concordie vnnd Cordule.

 In ainer Cristallein monstrantz darauf ain kreytz Das Rinpain sand Agathe vn heyltumb sannd Florentz.

 In ainer cristallein klain monsträtz. des hars Marie Magdalene. Auch des hars sannd Cecilie.

 In ainer Silbrein vergulten Monnstrantz geschigkt als ain Thurn darinn das heyltumb sannd Ursula mit annderm heiltüb.

 In ainer mostrancz mit ainem prustpild des hawbts sand Ursula.

 Ain silbrein vgulter arm Darinn der Arm sannd Helena.

 Ain silbrein vgulter arm darinn die hannd vnd der Arm sand Ewfemia

 In ainer Silbrein Monnstrantz mit ainer parilln das heiltumb sand Agnesen.

 In Ainer Silbrein vergultn möstrantz darauf sand Margretn pild. das heiltumb sand Margreten.

 In ainē horn mit ainer iūkfrawen pild des haubts sand Barbara.

 In ainer klainen parillein monnstrantz das heyltüb potentiane d Junkfrawn

 In ainer silbrein Monstrātz dz heiltumb Sand Otilia sannd Kunngund Felicis vnnd Adaucti.

 In ainem Silbrein vergulten krewß darauf ain plab stain das heiltumb sand katbrein vnd sand Agnes.

 In ainer Silbrein vergulten vieregketen mõsträtz das heyltüb S. Lucia vñ der xj. Tausend Junnkfrawen.

 In ainer Silbrein mõsträtz das heiltumb sand Anna. võ dem Röst sand Larentzen vnd sand Lienhartz.

 In ainem wolgezierten sarch der fues sand Marin ainer jũgkfrawñ.

 In ainer hohen Silbrein vergulten monstrantz das heiltumb sand Felicitas mit mer heyltumb.

 In ainer newwen Silbrein Monstrantz der arm sand Justine.

 In Ainer Silbrein mõsträtz das heiltumb sand Kethrein vnd sand Dorothe.

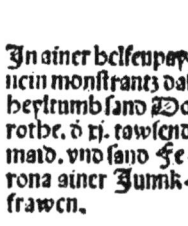 In ainer helfenpaynein monstrantz das heyltumb sand Dorothe. ŏ xj. tawsend maid. vnd sand Ferona ainer Jumkfrawen.

 In ainer Silbrein mõsträtz heyltumb von der stat dar an Christus geborn ist Auch Heyltumb vnser liebñ frawen S. Cristof. S. Georgen. S. Niclas. vñ S. Dorothe.

 Ain silbrein pild sand Kathrein Mit irem heiltüb.

In ainer silbrein mõsträtz mit dreien vergulten pilden heiltũb sand Margretñ. võ dem kreytz sand peter vnd sand Bartolmeus .uer beiltũb.

Jse petz angezaigte heiltumb stugk vn̄ klainet sind alle in der Schatzkamer benantes wirdign̄ gotshaws aller heiligenn Thuemkirchen sand Steffans behallten beschlossen vnd bewart. Noch vber das habē die Erwirdigen hochgelerten Ersamen vnd geistlich herren, die korherren Beneficiaten vnd briesterschafft der selben kirchen besonder vil heiltūb kreytz monstrantzen pild vnd andere klainat auch sand Steffan zuegehorig die hieryn mit sambt aller Clöester vnd andere gotshewser heyltumb vn̄ klayneten ausgeschlossen vnd, in diss puchl nit gedrugkt sein. Jn sonderhait zumergken das noch dreyer heylign̄ Cörper mit namen Sand Steffan von armenia, sand Conrat vn̄ sand Ymbricus kirchferter in ainem Sarch vngeuasset vn̄ sonst ain vnschuldigs kindl noch vnuerwesen vnd funf haubt der aindlftausent mayd auch ein heyliger pricbtiger Sand moradius vorhāden seih dar zue auch noch vilmer heiligtumbs in bemelter schatzkamer vngeuast liget das alles manigfeltigklicbe von den Cristen menschen angerufft gelobt vnd geeret wirdet.

Die Beschlusrede

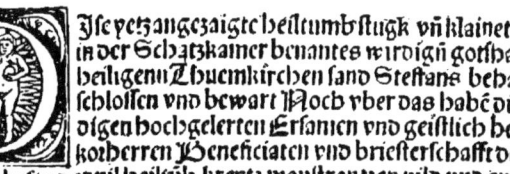

O nun verstanden in was gstalt frwmer lewt gabe allmuesen hilf vnd stewer bey vorgenantem wirdigē gotshaws angelegt vnnd nemlich mit anders dann zu gezier des heiltnmbs vn̄ ge pew der kirchen gebraucht wirdet vnd wen das alles wieuorstet volbracht vnnd das heiltumb gezaigt ist so macht der hochwirdig in got vater vnd bet der bischof zu wienn oder seiner genaden statthalter ein prelat das volgk abberurter grossen gnad vnd ablas tailhafftig vn̄ gibt dē Segen mit ainē nambafften vn̄ kostparlichē Stugk des heiligen kreytz Solcher gnad vnd ablas auch aller ander guten wergk so von allen andechtigen menschen in gemeiner Cristenhait got dem almechtigen zu lob vnd ere beschehen welle vns der hailand vn̄ erlediger alles menschlichen geschlechts, vnuser lieber her Jesus christus vmb seins pittern leidē vn̄ sterbn̄ willen parmhertzicklich tailbafftig mache dar zue vns sein hochgelobte mueter die hymlisch konigin vn̄ iūgkfraw maria ein warer prūn vn̄ vrsprung des ewigen liechts vn̄ ein trost aller sundigen menschen ires furbets mit verziche auch allen gelaubign̄ selen vn̄ vns nach disem zergengklichen leben dz himlisch vater land erwerbe. des helff vns got der vater got der sun vnd got der heilg geist Amen.

c

Wer nach in disem Kalender ist klerlich begriffen die
genad vnnd ablas so man bey vorgenanter allerheyligen
Thuemkirchen Sand Steffans teglich erlangen mag

Januarius

KL Jenner hat xxj.tag

1 A Die beschneidung Christi xiiij.M.v.C.xciiij.tag
2 b Der acht Sand Steffan xiij.M.C.x.tag
3 c Der acht Sand Johanns vj.M.iiij.C.x.
4 d Der acht aller Kindlein iiij.M.iij.C.lxx.
5 e Sand Seuerin peychtiger iiij.M.iij.C.lxx.
6 f Der heyligen drey Konig tag ij.M.v.C.xviij.tag
7 g Sand Valentin bischof M.vij.C.lxxvj.
8 A Sand Erhart bischof xi.M.ij.C.xxj.
9 b Sand Julian mit seiner gesellschaft vj.M.iiij.C.vi.
10 c Sand Paul der erst ainsidl vi.M.iiij.C.vj.
11 d Sand Gregori bischof vj.M.iiij.C.vj.
12 e Sand Othart martrer vi. M.iiij.C.vj.
13 f Achtist der heiligen drey Konig vj.M.iiij.C.vj.
14 g Sand Felix briester vnd martrer
15 A Sand Maurus abbt
16 b Sand Marcellus babst
17 c Sand Anthonius peychtiger ix.C.lx.
18 d Sand Prisca iungkfraw
19 e Sand Germanicus martrer
20 f Sand Fabian vnd Sebastian martrer iij.M.ij.C.xx.tag
21 g Sand Angnes iungkfraw ij.M.iiij.C.lxv.
22 A Sand Vincentz martrer ii.M.viij.C.xxxj.
23 b Sand Emerantiana iungkfraw M.iij.C.lx.
24 c Sand Thimotheus zwelfpot M.iiij.C.lx.
25 d Sand Pauls bekerung vj.M.vj.C.lx.
26 e Sand Policarpus briester iij.M.ij.C.xx.
27 f Johannes crisostomus iiij.M.ij.C.xx.
28 g Der acht Sand angres iij.M.ji.C.xx.
29 A Sand Valerius bischof M.viij.C.lx.
30 b Sand Aldegond iungkfraw M.viij.C.lx.
31 c Sand Virgilius bischof M.viij.C.lx.

c ij

KL Februarius

Hornung hat xxviij. tag

1	d	Sand Brigida iungkfraw	M.viij.C.lx.
2	e	Unnser Fawen lie chmes	viij.M.ix.C.xxiiij.
3	f	Sand Blasi bischof	M.C.
4	g	Sand Gilea bischof	ix.C.lxx.
5	A	Sand Agatha iungkfraw	iij.M.lxx.
6	b	Sand Dorothea iungkfraw	iij.M.ix.C.v.
7	c	Sand Argulius bischof	ix.C.lxx.
8	d	Sand Dionisy bischof	ix.C.lxx.
9	e	Sand Apolonia iungkfraw	ix.C.lxx.
10	f	Sand Scolastica iungkfraw	
11	g	Sand Desiderius bischof	C.xx.
12	A	Sand Anastasia iungkfraw	
13	b	Sand Steffan bischof	
14	c	Sand Valentin martrer	
15	d	Sand Faustinus martrer	
16	e	Sand Juliana iungkfraw	
17	f	Sand Polocronius bischof	
18	g	Sand Simeon bischof	
19	A	Sand Gabinus priester	
20	b	Sand Eucharius bischof	
21	c	Achtvndachtzigk martrer	
22	d	Sand Peter stuelseyer	
23	e	Zwenvndsibentzigk martrer	☙ Vanfast
24	f	Sand Mathias zwelfpot	vij.M.iiij.C.xx.
25	g	Sand Walpurg iungkfraw	ij.M.vij.C.xx.
26	A	Sand Alexander bischof	
27	b	Sand Julian martrer	iiij.M.xl.
28	c	Sand Romanus abbt	iiij.M.xl.

☙ Am Aschermittich iiij.M.xl.

KL Marcius

Mertz hat xxxj. tag.

1	d	Sand Albinus martrer	iiij.M.xl.
2	e	Sand Simplicius babst	iiij.M.xl.
3	f	Sand Kunegund iungkfraw.	iiij.M.xl.
4	g	Sand Lucius babst.	M.iij.C.xx.
5	A	Sand Victor vnd victorin.	M.iij.C.xx.
6	b	Sand Foca ain bischof	M.iij.C.xx.
7	c	Sand Perpetua vnd Felicitas iungkfrawen	M.14.xx.
8	d	Sand Pontius ewangelier	M.iij.C.xl.
9	e	Sand Candius martrer.	M.iij.C.xx.
10	f	Sand Alexander bischof.	M.iij.C.xx.
11	g	Viertzigk martrer.	M.iij.C.xx.
12	A	Sand Gregori Babst.	v.M.iiij.C.lx. tag
13	b	Sand Theusethe martrer.	M.vij.C.tag
14	c	Sand Zacharias prophet.	M.vij.C.tag
15	d	Sand Lucius bischof.	M.vij.C.tag
16	e	Sand Ciriacus martrer.	M.vij.C.tag
17	f	Sand Gerdraud iungkfraw	M.vij.C.tag
18	g	Sand Alexander bischof.	M.vij.C.
19	A	Sand Joseph pfleger Christi.	M.vij.C.
20	b	Sand Gutbert bischof.	M.iij.C.xx.
21	c	Sand Benedict abbt.	M.iij.C.lx.
22	d	Sand Paulinus bischof.	M.iij.C.xx.
23	e	Sand Victorian martrer.	M.iij.C.xx.
24	f	Sand Wigmenius briester.	M.iij.C.xx.	¶ Panfast.
25	g	Verkondung Marie.	x.M.ij.C.xxiiij.
26	A	Sand Castulus martrer.	ij.M.iij.C.
27	b	Sand Rueprecht bischof.	ij.M.iij.C.
28	c	Sand Priscus vnd Malchus	ij.M.iij.C.
29	d	Sand Maria egipciaca.	ij.M.iij.C.
30	e	Sand Quirinus martrer.	ij.M.iij.C.
31	f	Sand Regulus bischof.	ij.M.iij.C.

c iij

KL Aprilis

Aprill hat xxx tag

1	a	Sand Theodora iungkfraw	v.M.iij.C.
2	A	Sand Vincentz bischof	M.iij.C.xx.
3	b	Sand Theodosia iungkfraw	M.iij.C.xx.
4	c	Sand Ambrosy bischof	v.M.iij.C.xx.
5	d	Sand Mariana iungkfraw	M.vij.C.
6	e	Sand Alexandrin martrer	M.vij.C.
7	f	Sand Celestin babst	M.vij.C.
8	g	Sand Perpetini bischof	M.vij.C.
9	A	Siben Jungkfrawen	M.vij.C.
10	b	Sand Anthoni martrer	M.vij.C.
11	c	Sand Philipp bischof	M.vij.C.
12	d	Sand Juli bischof	M.iij.C.xx.
13	e	Sand Ewfenia iungkfraw	M.iij.C.xx.
14	f	Sand Tiburtz vnd Valerian martrer	viij.M.C.lxxv.
15	g	Sand Olimpiades martrer	viij.M.C.lxxvi.
16	A	Sand Vincentz babst	viij.M.C.lxxvj.
17	b	Sand Peter ewangelier	viij.M.C.lxxvj.
18	c	Sand Elewtherius bischof	viij.M.C.lxxvj
19	d	Sand Vincentz bischof	viij.M.C.lxxvj.
20	e	Sand Gensly martrer	viij.M.C.lxxvj.
21	f	Sand Simeon bischof	M.vij.C.lxxvj.
22	g	Sand Gaius babst	M.vij.C.lxxvj.
23	A	Sand Albrecht bischof	M.vij.C.lxxvj.
24	b	Sand Georg martrer	v.M.lxxvj.
25	c	Sand Marcus ewangelist	vj.M.ix.C.xcvj.
26	d	Sand Cletus babst	ij.M.vij.C.xxvj.
27	e	Sand Anastasius babst	ij.M.vij.C.xxvj.
28	f	Sand Vital martrer	ix.C.xl.
29	g	Sand Hermanus bischof	ix.C.xl.
30	A	Sand Quirinus bischof	ix.C.xl.

⁋ Am Karfreitag v.M.ij.C.lx.
⁋ Am Ostertag ix.M.v.C.
⁋ Am Achtisten des Ostertag iij.M.iiij.C.

KL Maius

May hat xxxi. tag

1	b	Sand Philip vnd Jacobs tag Walpurg	viij.M.ij.C.ix.
2	c	Sand Athanasy bischof	iij.M.lxx.
3	d	Erfindung des heyligen krewtz	vij.M.iij.C.lxvj.
4	e	Sand Florian martrer	ij.M.C.xl
5	f	Sand Gothart bischof	ij.M.C.xl
6	g	Sand Johanns vor der lateinischen porten	ij.M.C.xl.
7	A	Sand Benedict babst	ij.M.C.xl.
8	b	Sand Victor martrer	ij.M.C.xl.
9	c	Gregorius nazarenus	
10	d	Sand Gordian vnd Epimachus	
11	e	Sand Mamertus bischof	
12	f	Sand Pangratz mit seiner geselschaft	iij.C.xlv.
13	g	Sand Servacius bischof	
14	A	Sand Bonifacius martrer	
15	b	Sand Sophia Jungkfraw	
16	c	Sand Peregrinus bischof	
17	d	Sand Torpetus martrer	
18	e	Sand Felicissimus vnd Agapitus martrer	
19	f	Sand Potenciana Jungkfraw	
20	g	Sand Basilla Jungkfraw	
21	A	Sand Valeus martrer	
22	b	Sand Helena Jungkfraw	
23	c	Sand Desiderius bischof	v.M.viij.C.xxvj.
24	d	Sand Dominicus peychtiger	v.M.viij.C.lxvj.
25	e	Sand Urbanus babst	v.M.viij.C.xxvj.
26	f	Sand Augustin bischof	v.M.viij.C.xxvj.
27	g	Sand Johanns babst vnd martrer	v.M.viij.C.xxvj.
28	A	Sand Germanus bischof	v.M.viij.C.xxvj.
29	b	Sand Maximus bischof	v.M.viij.C.xxvj.
30	c	Sand Felix babst	
31	d	Sand Petronella Jungkfraw	

¶ Am Auffartag vij.M.ij.C.viij.

KL Junius
Brachmonat hat xxx.tag.

1	e	Sant Nicodemus martrer	vii.M.vf.C.lxxiiii.
2	f	Sant Marcell vnd peter martrer	vj.M.vj.C.xvj.
3	g	Sant Erasm bischof	vj.M.vj.C.xxvj.
4	A	Sant Quirinus bischof	vj.M.vj.C.xxvj.
5	b	Sant Bonifacius bischof	vj.M.vj.C.xxvj
6	c	Sant Vincentz vnd Benignus martrer	vj.M.vj.C.xxvj.
7	d	Sant Celestinus babst	vj.M.vj.C.xxvj.
8	e	Sant Medardus bischof	vj.M.vj.C.xxvj tag
9	f	Sant Primus vnd Felicianus martrer	vi.M.lx.
10	g	Sant Getulius martrer	vj.M.lx.
11	A	Sant Barnabas zwelfpot	vj.M.lx.
12	b	Sant Cirinus mit seiner gesellschaft	vj.M.lx.
13	c	Sant Anthoni peichtiger	
14	d	Sant Blasy Ertzbischof	
15	e	Sant Veit Modestus vnd Crescentia	xiij.M.iij.C.xxvj
16	f	Sant Aurius vnd Justinus martrer	v.M.ij.C.lxvj.
17	g	Zwenvndviertzigk martrer	v.M.ij.C.lxj.
18	A	Sant Marcell vnd Marcellian	v.M.ij.C.lxvj.
19	b	Sant Geruasy vnd prothasy	v.M.ij.C.lxvj.
20	c	Sant Regina Jungkfraw	
21	d	Sant Alban martrer	
22	e	Sant Achatz mit seiner gesellschaft	
23	f	¶ Wansast	
24	g	Sant Johanns gottstawffer	vj.M.C.xx.
25	A	Sant Gallicanus martrer	v.M.xxviij.
26	b	Sant Johanns vnd paul martrer	v.M.xxviij.
27	c	Die siben schlaffer	v.M.xxviij.
28	d	Sant Leo babst	v.M.xxviij. ¶ Wansast
29	e	Sant Peter vnd pauls	xiij.M.vj.C.lviij.
30	f	Sant Paulus gedechtnus	xviij.M.viij.C.lxviij.

¶ Am Pfingstag xiij.M.iiij.C.tag
¶ Am tag der Driueinkait vj.M.viij.C.lxvj.tag
¶ Am heyligen fronleichnam tag vj.M.iiij.xxiiij.

Julius
Heymonat hat xxxi. tag

1	g	Achtift sand Johanns gotstauffers	xiiij. M. v. C. viij.
2	A	Unser frawn besuechug. Proceß vn martinia	ix. M. iiij. c. lx.
3	b	Erbebung sand Thomans zwelfpoten	ix. M. iiij. C. lx.
4	c	Sand Ulrich bischof	x. M. viij. C. xxiiij.
5	d	Sand Demetry martrer	ix. M. iiij. C. lx.
6	e	Achtift sand peter vnd pauls	ix. M. iiij. C. lx.
7	f	Sand Willibald bischof	ij. M. vij. C. xl.
8	g	Sand Kilian mit seiner geselschaft	iij. C. lx.
9	A	Erhebung sand Niclas	
10	b	Siben brueder	
11	c	Erbebung sand Benedict	
12	d	Sand Margret Jungkfraw vnd martrerin	v. M. ix. C. xlv.
13	e	Sand Henrich kaiser	iij. C. lxx.
14	f	Sand Foca bischof	iij. C. lxx.
15	g	Der zwelfpoten schidung	iiij. C. lxx.
16	A	Sand Hilarius martrer	iij. C. lxx.
17	b	Sand Alex beichtiger	iij. C. lxx.
18	c	Sand Arnolfus bischof	iij. lxx.
19	d	Sand Arsenius beichtiger	iij. C. lxx.
20	e	Sand Helias prophet	
21	f	Sand Praxedis Jungkfraw	
22	g	Sand Maria magdalen	vj. M. C. xlv.
23	A	Sand Apollinaris martrer	v. M. iij. C. lxx.
24	b	Sand Cristina Jungkfraw	C. lxx. Manfast
25	c	Sand Jacob zwelepot S. Christof martrer	iiij. M. viij. C. lxxv.
26	d	Sand Anna vnser frawen mueter	ij. M. iij. C. lxx.
27	e	Sand Hermolaus priester	iij. C. lxx.
28	f	Sand Panthaleon martrer.	iij. C. lxx.
29	g	Sand Felix Simplicius Faustinus	iij. C. lxx.
30	A	Sand Abdon vnd Sennen martrer	
31	b	Sand Germanus bischof	

KL Augustus

Augst hat xxxj. tag

1	c	Sand Peter kettnfeyer	
2	d	Sand Steffan babst	
3	e	Erfindung Sand Steffan martrer	vij. M. C. xliiij.
4	f	Sand Valentin martrer	iij. C. lxx.
5	g	Sand Oswald konig Marie schneefeyer	iiij. C. xx.
6	H	Sand Sixt babst	iij. C. lxx.
7	b	Sand Affra martrerin	M. v. C. xl.
8	c	Sand Ciriack martrer	iij. C. lxx.
9	d	Sand Tonian martrer	iij. C. lxx. ☞ Panfast
10	e	Sand Lorentz martrer	vij. M. xl.
11	f	Sand Tiburtz martrer	v. M. vij. C. xx.
12	g	Sand Clara iungkfraw	v. M. vij. C. xx.
13	H	Sand Hyppolitus martrer	v. M. vij. C. xx
14	b	Sand Ewsebius peychtiger	v. M. vij. C. xx. ☞ Panfast
15	c	Unser Frawen lebdung	xiiij. M. vj. C. lxiiij.
16	d	Sand Arnolff bischof	xj. M. ix. C. xxv.
17	e	Achtist sand Larentzen	xj. M. ix. C. xxvj.
18	f	Sand Agapitus martrer	vj. M. ij. C. vj.
19	g	Sand Magnus martrer	vj. M. ij. C. vj.
20	H	Sand Steffan konig von hungern	vj. M. ij. C. vj.
21	b	Sand Privatus martrer	vj. M. ij. C. vj.
22	c	Sand Thimotheus vnd Symphorianus	vj. M. ij. C. vj
23	d	Sand Donatus martrer ☞ Panfast	
24	e	Sand Bertime zwelfpot	vj. M. vij. C. lxx.
25	f	Sand Genesi martrer	M. C.
26	g	Sand Sireneus martrer	M. C.
27	H	Sand Ruffus martrer	M. C.
28	b	Sand Augustin bischof	vj. M. xv.
29	c	Sand Johanns gottstauffer enthauptung	iij. M. vij. C. lx.
30	d	Sand Felix vnd Adauctus	M. C.
31	e	Sand Paulinus bischof	M. C.

September

KD Herbstmonat hat xxx. tag

1	f	Sand Egidius abbt	ix. C. ix.
2	g	Sand Emericus hertzog	
3	A	Sand Anthoni martrer	
4	b	Sand Marcell martrer	
5	c	Sand Benebald bischof	
6	d	Sand Mangnus peychtiger	
7	e	Sand Regina iungkfraw	
8	f	Unnser Frawen geburt	viij. ND. ix. C. lxxiiij.
9	g	S. Gorgonius mr S. Kunigūd iungkfraw	vj. ID. vj. C. lxvj
10	A	Sand Theodarous bischof	vj. ID. vj. C. xxvj.
11	b	Sand Protbus vnd Jacinctus martrer	vj. ND. vj. C xxvj
12	c	Sand Waternus martrer	vj. ID. vj. C. xxvj.
13	d	Sand Maurilius bischof	vj. ID. vj. C. xxvj.
14	e	Erhebung des heyligen kreptz	vj. ID. ix. C. lxxxvj.
15	f	Sand Nicodemus martrer	vj. ID. vj. C. xxvj.
16	g	Sand Ewfemia iungkfraw	
17	A	Sand Lainprecht pischof S. Regnifrid martrer	lxxx. tag
18	b	Sand Florentius bischof	
19	c	Sand Januari mit seiner gesellschafft	
20	d	Sand Fausta iungkfraw	¶ Wanfast
21	e	Sand Matheus zwelfpot vnd ewangelist	nij. ND. xx.
22	f	Sand Mauritz vnd sein gesellschafft	iij. ND. vij. C. lxx
23	g	Sand Tecla iungkfraw	iij. ID. C. lxx.
24	A	Sand Ruprecht bischof	iij. ID. C. lxx.
25	b	Sand Firminus martrer	
26	c	Sand Cipzianus bischof vnd martrer	iij. ID. C. lxx.
27	d	Sand Cosmas vnd damianus	iij. ID. C. lxx.
28	e	Sand Wentzeslaus hertzog	iiij. ID. v. C. xx.
29	f	Sand Michael ertzenngl	vj. ID. ij. C. ix.
30	g	Sand Jheronimus briester	iiij. ID. iiij. C. ix.

October
KL Weinmonat hat xxxj. tag.

1 A Sand Remigi mit seiner gesalschaft   ij.M.iij.C.lx.
2 b Sand Leodogarius martrer   M.iij.C.lx.tag
3 c Sand Suplitius vnd Seruiliakius   M.iij.C.lx.
4 d Sand Franciscus peichtiger   M.iiij.C.
5 e Sand Claman bischof   M.iij.C.lx.
6 f Sand Fidis Jungkfraw   M.iij.C.lx.
7 g Sand Sergius vnd bachus   iij.C.lx.
8 A Sand Demeter martrer.
9 b Sand Diomisy mit seiner gesellschaft
10 c Sand Gerion mit seiner gesellschaft
11 d Erhebung sand Augustin
12 e Sand Maximilian bischof
13 f Sand Colman martrer   v.M.v.C.lxv.
14 g Sand Calixtus babst
15 A Sand Fortunatus martrer
16 b Sand Gallus abbt   ij.M.xl.
17 c Sand Martha Jungkfraw   M.
18 d Sand Lucas ewangelist   v.M.v.C.
19 e Sand Januarius mit seiner gesellschaft   ix.C.xl.
20 f Sand Quirinus martrer   ix.C.xl.
21 g Sand Ursula mit irer gesellschaft   iij.M.ix.C.xk
22 A Sand Seuerus bischof   ix.C.xl.
23 b Sand Seuerinus bischof   ix.C.xl.
24 c Sand Maglorius peychtiger   ix.C.xl.
25 g Sand Crispinus vnd crispinianus martrer   ix.C.xl.
26 e Sand Amandus bischof
27 f ❡ Vanfast.
28 g Sand Symon vnd Judas zwelfpoten   vj.M.iiij.C.
29 A Sand Narcissus bischof   ij.M.C.
30 b Sand Felicianus mit seiner gesellschaft   ij.M.C.
31 c Sand Wolfgang bischof   ij.M.C.   ❡ Vanfast.

KL November

Wintermonat hat xxx. tag

1	d	Aller heyligen tag	ix.M.ix.C.xliii.
2	e	Aller gelaubigen seelen tag	viij.M.vj.C.lxxvj.
3	f	Sand Pirinimus bischof	iij.M.iiij.C.xl.
4	g	Sand Amandus bischof.	iij.M.iiij.C.xl.
5	A	Sand Felix briester	M.iij.C.xl.
6	b	Sand Lienhart abbt	M.vj.C.xlv.
7	c	Sand Bilibrordus bischof	M.iij.C.xl.
8	d	Vier Krönt martrer	M.iij.C.xl.
9	e	Sand Theodorus martrer	
10	f	Sand Ludmilla iungkfraw	
11	g	Sand Marten bischof	vj.M.vij.C.lxv.
12	A	Funf brueder	v.M.v.C.xl.
13	b	Sand Brictius bischof	v.M.v.C.xl.
14	c	Sand Clementinus mit seiner gesellschaft	v.M.v.C.xl.
15	d	Sand Leopold margkgraf	v.M.v.C.xl.
16	e	Sand Otmarus abbt	v.M.v.C.xl.
17	f	Sand Thecla iungkfraw	v.M.v.C.xl.
18	g	Achtist Sand Martein	v.M.v.C.xl.
19	A	Sand Elisabeth wittib	ij.M.iij.C.lxx.
20	b	Sand pontianus bischof	v.C.xl.
21	c	Sand Columbanus abbt	v.C.xl.
22	d	Sand Cecilia iungkfraw	iiij.M.iiij.C.lxv.
23	e	Sand Clemens babst	M.vj.C.ix.
24	f	Sand Crisogonus martrer	M.vj.C.xl.
25	g	S. Katherina iungkfraw vn martrerin	vij.M.vij.C.lxxv.
26	A	Sand Linus babst. Sand Conrad bischof	iiij.M.ij.C.lxiiij.
27	b	Sand Virgilius bischof	iij.M.xl.
28	c	Sand Ruffus mit seinem haußgesind	iij.M.xl.
29	d	S. Saturninus vn sein gesellschafft	iij.M.xl.	Wanfast
30	e	Sand Andre zwelfpot	ix.M.iij.C.xv.

December

Christmonat hat xxxj. tag

1	f	Sant Longinus martrer	ix. AD.
2	g	Sant Julianus martrer	ix. AD.
3	A	Sant Cassianus martrer	vij. AD. xl.
4	b	Sant Barbara iungkfraw vnd martrerin	viij. AD. iiij. C. lr
5	c	Sant Crispina iungkfraw	vij. AD. xl.
6	d	Sant Niclas bischof	xiij. AD. v. C. xl.
7	e	Achtist Sant Andre	iij. AD. vj. C. xl.
8	f	Empfengknus Marie	vj. AD. ix. C. lxxj.
9	g	Sant Leocadia Jungkfraw	AD. iij. C. lxxr.
10	A	Sant Ewlalia iungkfraw	AD. iij. C. lxxr.
11	b	Sant Damasus babst vnd martrer	AD. iij. C. lxxr.
12	c	Sant Hermoginus	AD. iij. C. lxxr.
13	d	Sant Lucia Sant Otilia Sant Jobst	viij. AD. xlv.
14	e	Sant Nicasius bischof	iij. C. lxxr.
15	f	Sant Valerian bischof	iij. C. lxxr.
16	g	Sant Annamas S. Azarias. Misael	iij. C. lxxr.
17	A	Sant Ignatius bischof	iij. C. lxxr.
18	b	Sant Ruffus mit seiner geselschafft	iij. C. lxxr.
19	c	Sant Nemesius bischoff	iij. C. lxxr.
20	d	ℂ Panfast	iij. C. lxxr.
21	e	Sant Thoman zwelfpot	vj. AD. iiij. C.
22	f	Dreissigk heylig martrer	AD. C. xxx.
23	g	Sant Victoria iungkfraw	AD. C. xxx.
24	A	Der heylig abend	AD. C. xxx. ℂ Panfast
25	b	Der heylig Cristag	ij. AD. xiiij.
26	c	Sant Steffan der erst martrer	xviij. AD. ij. C. iij.
27	d	Sant Johanns zwelfpot vnd ewangelist	xj. AD. lxxj.
28	e	Der Unschuldigen kindlein tag	xvij. AD. viij. C. lxxxvj.
29	f	Sant Thoman von kandlwerg bischof	xvj. AD. vij. C. lvj.
30	g	Sant Sabinus bischof	xvj. AD. vij. C. lvj.
31	A	Sant Silvester babst	xvj. AD. vij. C. lvj.

Uf dem montag nach Sant Jacobs tag so man ezellt nach Cristi vnsers liebñ herren geburde funfzehēhundert vnd ain iar ist diß vorangezaigt hochwirdig heyltübñ antlaß darmit bemelte wirdige stift aller heiligñ Thuemkirchñ S. Steffans wie vorstet võ den heiligñ vater Bebstē Cardineln patriarchen legatē ertzbischouen vñ bischouen furgesechn vñ begabt also das solich heiltüb vñ antlas menigklich geoffenwart vñ in erkentnus koīe dardurch die Cristen menschen zu merer andacht entzundet genaigt vñ bewegt auch dz hail irer selen destpas betrachten mögen zuuoran got dem allmechtigē der lobsamen iungkfrawen marie allem hymelischñ here vñ beruertem heiltumb zu lobe vñ ere auch allen gelaubigen selñ vñ den andechtigē menschen zu billf vnd trost mit gunst vnd willen der Ersamē hochweisen herrñ Burgermaister vñ rate der Loblichñ stat wienn vñ nemlich aus sonderm fleisse vnd darlegen Mathewsen hewpperger auch der zeit des rate vnd burger daselbs betracht angeben vnd zu samen gezogñ Und nachmals diß puchl Nach cristi gepurde. Tausent funfhundert vnd zway iar durch Johannē Winterburg auch burger daselbs zu Wienn gedrugkt vnd zu endbracht

TITEL UND NACHTRÄGE

DER

AUSGABE VON 1514.

In disem Buechl sein Alle vnnd yede Stucklh
des hochwirdigen Haylthumbs der zeit In aller heyligenn
Thumkirchen Sant steffan der stat Wienn in Osterreich
verhandē vnd albeg den nagstñ Sūtag nach dem Ostertag
Jarlich zaigt werden: dem nach: dem alten puchl vil stuck
die erst her zwo kumē vnd in pesser Form pracht worden ab
gen aigentlich verzaichnet. Anno Domini. 1 5 1 4

Vermerkent merung: besserüg: vnd zu=
nemung diss wirdigenn heyltumbs.

Jernach seyen aigentlich verzaichnet die stuck so in den al=
ten heyltumbpuechln abgeen vnd erst hertzue kömen auch
etliche alten stuck in ander form auff fuessel gericht sein wor=
den von dem 1502 Jarn/pis auff 1514 Jarn/die dan der
Matheus bewpperger abermals auff sein costen vnd dar=
legen/zw Ern dem hochwurdigen heyltumb auff ain news
ab conterfayt hen vnd trucken hat lassen/darzw ain yetlichs stuck mit dem
a.b.c. In welhe procession es gehort albie/vnd vor im puechl aigentlich ge=
merckt vnd verzaichnet an welhe stat wo sy abgeend vnd hingeborn wirt
man alles in disem platel vinden nach der Registratur des.a.b.c.

In der erst proceß. a. b.

a
In der ersten proceß das Erst
ain silberin vergult Stuckh
diß Jar auff ein news gbefast
vnd auff ain fueß gemacht dar
in ain mercklich stuck vō dem
heyligē Crewtz ein gefast vnd
wol getziert mit vil kostlichen
edlem gestain.

b
In der ersten pro=
ceß das 39 Stuck
ain Silberein ver=
gult crewtz darin
von dem heyligen
Crwtz vnd ander
heyltung.

In der ander proceß. c. d. e. f. g.

c
In der Annder proceß
das 8 stuck ain guldin
plenary darin von dem
hailtumb des pluetigē
Swaiß christi diß stuck
ist auff ain fueß gemacht
worden.

d
In der and das 9 stuck
ain guldein plenary ist
auch auff ain fueß ghe=
macht worden/ darin
das hailtumb von der
bescheidung Christi.

e
Jn der andern proceß das
18 stuck ain lantzn So
ain Jud in ain Crucifix
gestochē hat gesprengt
wunderlich mit pluett/
dise lantze ist auch auff
ain fueß gemacht word.

f
Jn der andern proceß das
25 stuck Jn ainem sil-
berin pildt Sant doro-
thee Darin vonn dem
schlayer Marie der ij.
tausent mayd der cxhē
tausent martrer sant Jo-
hanns gots tawfers a-
chacij katherie vnd sein
andren heiltumb.

g
Jn der andern proceß das 26 stuck vnd das
letz stuck dyser proceß in ainem silberein ain
tail vergultū musträtzl darin mit den zaychē
der siben Schmertzen darin von dem grab
Marie vnd Sant dorothee heyltumb.

Jn der funfft proceß. h. i. k. l.

h i
Jn der funfft
proceß das 15
vnd das 16
stuck silberen
vnd vergult
zway pildt
Cosme vnnd
domiani mit
irem heiltūb

k
Jn der funfft pro-
ceß das 25 stuck in
ainer silbern mon-
strantzē etwas ver-
gult geschicklet als
ain pacifical darauf
ain schone corallen
zeichē mit vil zing-
ken darin von sant
eustachy vnnd mit
mer heyltumb.

l

Jn der funfften proceß das 26 stuck in einem silbern wolgezierten hochen mõstrantzl darin Sät acbacy kew vnd ripp

Jn der sext proceß. m. n. o. p. q.

m

Jn der Sexten proceß das 20 stuck sant Jorgen Spieß der ist auff ein fueß gemacht word

n

Jn der Setzen proceß das 22 stuck die lantzñ Sant moritzñ ist auch auff ain fueß gemacht wordenn.

o

Jn der Sextē pceß das 26 stuck ain silbern vergults pilo sant Steffans darin von dem stain damit sät Steffan b̄stainē ist wordē von sant Jorgen arm sant Theodori sant georgē bzucder sät desidery sinns bischoff vnd martrer sät georgi Ritter vnnd martrer.

p

Jn der Sextē pceß das 27 stuck ain silbern vergults pilo sant Loretzñ darin heilt b̄ sācti modesti saturnini martyrū vnd rō der legion thebeoz von dem bischoff stuel sant Icodogary dar auff er sas die weyl das liecht von hymel vber Jn erschain.

q

Jn der Sexten proceß das 28 stuck Jn einer Jndischen nus mit siber getzieret darauff Adā vnd Eus darinnen sät Dionisy vnd valentini martyrū beyltumb

In der Sibentñ proceß. r.ſ.t.v.

r

In der Sibentñ proceß das 33 ſtuck ain ſilbereins ſät Ulrichs pild darin heyltumb ſandt Ottonis ſandt Frederichs epiſcoporum des heyligē ſant Sigmūds Wermeris Werculiani der martrer.

ſ

In der Sibenten proceß das 34 ſtuck ain hoher vergulter ſchoner kopff darin das heiltūb ſant Wieronimi Leonhardi vnd ſant Ualentini der peychtiger mit mer an der. heyltumb.

t

In der Sibentñ proceß das 35 ſtuck ain ſilbrein bocher pecher wol getziert darauf ſant Merteins pild auff ainem Ros darin von dem hawpt ſät mertein mit mer ſeinem heiltūb Itē vō dem pluet ſant Johās baptiſte vnd dem grab ſcti Johannis Euangeliſte.

v

In der Sibentñ proceß das 36 ſtuck vñ das letz in einem ſilbrein ſant Wolfgäg pild das heyltumb ſant Leopold markgraff vnnd mer an der. heyltumb.

In der Acht vnd letz proceß. x

x

In der Achtiſten proceß das 37 ſtuck vnd das letz in diſer proceß In ainer ſchoenn ſilbrein möſtrantzen etwas vergult darin ain pis aus der achſl ſācte katherine.

Deo gras.